基层干部的榜样丛书

吴金印事迹读本

赵士红 著

中原出版传媒集团
大地传媒
大象出版社
·郑州·

图书在版编目(CIP)数据

吴金印事迹读本 / 赵士红著.— 郑州 : 大象出版社, 2015. 2 (2016. 3 重印)
(基层干部的榜样丛书)
ISBN 978-7-5347-8333-3

Ⅰ. ①吴… Ⅱ. ①赵… Ⅲ. ①吴金印—生平事迹 Ⅳ. ①K827=7

中国版本图书馆 CIP 数据核字(2015)第 037784 号

基层干部的榜样丛书

吴金印事迹读本

赵士红 著

出版人 王刘纯
策　划 董中山
责任编辑 李亚楠
责任校对 牛志远
版式设计 付锬锬

出版发行 大象出版社(郑州市开元路 16 号 邮政编码 450044)
发行科 0371-63863551 总编室 0371-65597936
网　址 www.daxiang.cn
印　刷 河南文华印务有限公司
经　销 各地新华书店经销
开　本 787mm×1092mm 1/16
印　张 7.25
字　数 80 千字
版　次 2015 年 2 月第 1 版 2016 年 3 月第 3 次印刷
定　价 16.00 元
若发现印、装质量问题,影响阅读,请与承印厂联系调换。
印厂地址 郑州市金水区柳林镇马林工业园
邮政编码 450046 电话 0371-65642565

序　言

吴金印，一个响亮的名字，叫响了中原，叫响了全国。

1996年，中组部、中宣部联合发出开展向吴金印学习活动的通知，全国兴起了向吴金印学习的热潮。

2013年8月12日，中共中央政治局常委刘云山在新华社内参上就吴金印先进事迹批示："吴金印是老典型，他几十年如一日，与群众同甘苦，带领群众致富，是党员干部密切联系群众、践行群众路线的榜样，他的事迹是进行群众路线教育的生动教材。"

2013年9月9日，《河南日报》头版刊发《一方金印在民心》的文章，新华社也以"吴金印：'把群众带到富路上，把干部带到正路上'"为题对吴金印事迹进行报道，在社会上引发巨大反响。9月10日，《人民日报》《光明日报》《经济日报》《中国青年报》《农民日报》等媒体纷纷聚焦吴金印，新华网、人民网、中国网、中国新闻网、新浪网、搜狐网、腾讯网、网易、大河网等上百家网站纷纷转载，吴金印再次成为网络关注的热点。

吴金印是全国乡镇党委书记的榜样，他50多年如一日，扎根农村基层，带领群众艰苦创业，以一名共产党员的忠诚与信念、智慧与汗水、执着与奉献，书写了全心全意为人民服务的光辉篇章。

习近平总书记强调，领导干部要向先进模范学习，做到见贤思齐。作为基层干部，要认真向吴金印学习，弘扬吴金印精神，做为民、务实、清廉的表率。

吴金印精神的根基是胸怀理想、对党忠诚。吴金印出生于贫苦农家，是党培养他成为国家干部，他对党怀有深厚的感情。几十年来，他始终对党忠诚，对共产主义事业具有坚定的信念，执着追求伟大的共产主义理想，为中国特色社会主义不懈奋斗，对中国特色社会主义充满道路自信、理论自信和制度自信。对党和人民，吴金印有着朴素的报恩心理，为了报答这份恩情，他奋斗了一辈子。吴金印是一个有远大理想的人，他心中一直有一个梦：让群众脱离贫困，过上好日子。他带领群众经过艰苦奋斗实现了温饱梦、小康梦，现在又带领群众去实现富裕梦。

吴金印精神的本质是牢记宗旨、一心为民。刚参加工作的时候，吴金印就说，他工作“一不图名，二不为财，就图能为父老乡亲干点事儿”。这句话是他实践一生的誓言。他情系群众，把人民视如父母。住在烈属宋大娘家，他成了家里的顶梁柱，修房子、砍柴、挑水、请医买药等家务，都承担了起来。宋大娘重病，他送医喂药，端饭倒水，情同母子。他坚持一切为了群众，一切依靠群众，从群众中来，到群众中去，模范地践行党的群众路线，密切了党和群众的血肉联系。

吴金印精神的核心是艰苦奋斗、求真务实。吴金印始终葆有改天换地的工作激情，他响亮地提出："苦熬没有头，苦干有奔头。"为拦河造田打通羊湾洞，吴金印第一个抡起大锤，打钎凿洞。由于过度劳累，他昏倒在工地上。为绿化荒山，他带头挖山植树，挑水浇苗。在狮豹头公社工作的15年中，有7年多时间他住在治山治水工地的茅草庵里。

吴金印精神的精髓是解放思想，开拓创新。几十年来，无论形势、任务发生怎样的变化，吴金印始终做到了解放思想，与时俱进。在长期的工作实践中，他勇于创新，积极进取，敢为天下先。20世纪70年代，他在狮豹头公社建立了第一家工厂，结束了狮豹头公社没有工业的历史。在县五四农场，他带领职工建起了全市第一个塑料大棚，种植温室蔬菜。他提出了唐庄的科学发展思路，针对发展中出现的污染问题，他坚决要求关闭污染企业，还百姓以绿水青山。

吴金印精神的关键是严于律己、清正廉洁。从政几十年来，他走到哪里就把党的优良传统带到哪里，始终以党员的标准严格要求自己，模范执行党的纪律，坚决抵制各种不正之风。为农民购买树苗，他谢绝了3万元的回扣；唐庄乡建水泥厂的过程中，他拒绝一切回扣，订设备、买电料、搞安装，都是经集体研究制定方案，请各个厂家投标，整个厂建下来，共节省成本1100万元。

郁达夫在纪念鲁迅时说："一个没有英雄的民族是可悲的奴隶之邦，一个有英雄而不知尊重的民族则是不可救药的生物之群。"吴金印是当代的人民英雄，是共产党人的楷模。英雄就在我们周围，楷模就在我们身边。我们要认识英雄、熟悉英雄、爱戴英雄，更要学习英雄。在新的历史起点上，我们应当把吴金印精神进一步发扬光大。

学习吴金印精神就要坚定理想信念，做一个政治坚定的好干部。不为风险所畏，不为风浪所惧，不为复杂的形势所惑，始终与党中央保持高度一致。学习吴金印精神就要勇于负责，做一个敢于担当的好干部。习近平同志强调："有理想、有担当，国家就有前途，民族就有希望。"什么是担当？就是一种责任感或者使命意识。有多大担当才能干多大事业。面对矛盾要敢于迎难而上，面对危机要敢于挺身而出，面对错误要勇于承担责任，面对歪风邪气要敢于进行坚决斗争。学习吴金印精神就要一心为民，做一个为民服务的好干部。领导干部要做人民的公仆，要深入基层，深入群众，了解群众的愿望和利益诉求，关心群众的疾苦，解决群众的实际困难，做群众的贴心人。学习吴金印精神就要开拓进取，做一个勇于改革的好干部。全面深化改革是啃硬骨头，打攻坚战，如果没有开拓进取的精神，没有敢于担当的气魄，是难以承担历史使命的。学习吴金印精神就要警钟长鸣，做一个严守规矩的好干部。只有警钟长鸣，才能警笛不响。领导干部要守住清廉的底线，不踩纪律的红线，要敬畏权力、管好权力、慎用权力，坚持从点滴做起，坚决抵制各种歪风邪气，使清风正气充满全社会。

本书编者

2015年1月

目　录

第一章　不懈追梦的吴金印

理论导读

在发展社会主义市场经济的条件下，有些人认为理想没用了，有些人认为“理想理想，有利就想；前途前途，有钱就图”。这种认识是极其错误的。科学而崇高的理想信念，是照耀人类前进的灯塔，是不可或缺的。中国共产党的理想，既是广大党员干部成长进步的人生指南，也是团结和鼓舞人民开创事业的奋进号角，更是我们党始终保持先进性、纯洁性的力量源泉和精神支柱，是党的事业从胜利走向胜利的坚强保证。习近平总书记指出：理想信念就是共产党人精神上的“钙”。没有理想信念，理想信念不坚定，精神上就会“缺钙”，就会得“软骨病”。现实生活中，一些党员、干部出这样那样的问题，说到底是信仰迷茫、精神迷失。党的十八大报告强调，要“教育引导党员、干部矢志不渝为中国特色社会主义共同理想而奋斗”。共产主义远大理想和中国特色社会主义共同理想，是党的凝聚力、战斗力的源泉，也是共产党人安身立命的根本。今天,必须把坚定理想信念、夯实理想信念作为共产党人党性锻炼和修养的"基本功"。坚信共产主义远大理想,坚定不移地走中国特色社会主义道路,就是坚持党的最高纲领和基本纲领相统一、崇高理想和共同理想相统一。自觉坚守共产党人的精神追求,永远保持清醒头脑,在任何情况下理想信念都不动摇。

吴金印为广大党员干部树立了解决好世界观、人生观、价值观问题的光辉榜样,他的事迹是对党员干部进行党性教育和理想信念教育的宝贵教材,是促使各级干部学习和实践科学发展观,加强自身执政能力建设不可或缺的精神动力。价值观是世界观的核心,是驱使人们行为的内在动力。吴金印为人民富裕幸福而不懈奋斗的人生追求,生动地回答了人为什么活着和应该怎样活着才有价值这个价值观的根本问题,向党和人民交了一份出色的答卷,为当代领导干部树立了光辉的榜样。

一、信念坚定,对党忠诚

"我入党的时候宣过誓,要为共产主义事业奋斗终身。向党承诺过,就要遵守一辈子。"这句话是吴金印人生的真实写照。

吴金印忠于党、忠于人民,具有坚定的共产主义信念,坚持坚定正确的政治方向。1942 年,他出生在一个世代贫穷的农民家庭。党领导人民得到了翻身解放,吴金印的家庭在党的领导下日子也好了起来,吴金印在新社会才有条件走进学校接受教育,他对党有着深厚的感情。他17 岁参加工作,1960 年 1 月入党,18 岁当队长,19 岁担任大队党支部书记,26岁担任公社党委书记。在这期间,党组织曾送他到省团校和中央团校学习。在党的培养下,他成长为一名优秀的党员干部。几十年来,他始终对党忠诚,对共产主义事业具有坚定信念,执着追求伟大的共产主义理想,为中国特色社会主义不懈奋斗,对中国特色社会主义充满道路自信、理论自信和制度自信。

吴金印带领群众在狮豹头山修建的水渠、梯田

20 世纪 60—70 年代,吴金印带领群众在狮豹头公社治山治水

吴金印在乡镇主要领导岗位上一干就是 28 年,几次放弃升迁的机会。与他同时期同一起跑线的干部,有的已经当了地市级领导。有人就替吴金印惋惜说:“都知道你老吴干一处响一处,走一路富一路,怎么老在坷垃地上走踏步?”吴金印就回答:“对这个问题,我不仅没有怨言,还很知足。我出身贫寒,旧社会父亲给地主当长工,我从小在饥饿生死线上挣扎,是共产党救了我们全家,并把我培养成国家干部,我决心用自己的一生来报答党的关怀,到党最需要的地方去,到最艰苦的地方去,为党分忧,为民解难。”对党和人民,吴金印有着朴素的报恩心理,为了报答这份恩情,他奋斗了一辈子。

吴金印如是说

做人要光明磊落，事不瞒人，心不瞒党。

现在的农民还不富裕，我在农村更能发挥作用，我的根在基层。

如果没有党组织的教育和培养，离开了人民群众的支持，我吴金印啥也干不成，啥也干不好。我决心不辜负党和人民对我的关怀和培养，一辈子跟党干，一辈子全心全意为人民服务，永远做人民的公仆。

我下了决心，拼上一条命来，也要带领群众改变落后面貌，让大伙吃饱肚子。

感恩，就是对他人或组织所给予的帮助与关爱表示感激。感恩是一种美好的感情，是一种道德良知。常怀感恩之心，就会对他人、对单位少一分挑剔，多一分欣赏。常怀感恩之心，就可以保持积极的心态，对自己的所得感到满足，而不会过多地挑剔；对自己的付出会感到自然，而不会认为是吃亏。送人玫瑰，手有余香。用感恩的心去工作，就不会产生抱怨；用感恩的心去工作，就不会在困难面前退缩；用感恩的心去工作，就会严于律己、宽以待人。知恩图报是中华民族的传统美德。古人讲，“施恩勿念，受恩莫忘”“滴水之恩，涌泉相报”“乌鸦反哺，羔羊跪乳”等，都强调知恩图报是做人应有的品德。受恩不忘，是一个人有良心的表现；知恩图报，是一个人有道德的行为。古人曾说：“惟贤者，能为报恩。”参加工作以来，50 多年间，无论形势发生了怎样的变化，吴金印始终对党、对人民忠心耿耿，理想信念从来没有动摇过，始终以真挚的感情报答党和人民的恩情。

求木之长者，必固其根本；欲流之远者，必浚其源泉。人的理想、信念、追求等，都是我们的力量源泉和内在动力。很多革命先烈不怕牺牲、前仆后继，就是因为他们有着“革命理想高于天”的崇高信念，有着“星星之火，可以燎原”的坚定信心。作为党员干部，必须坚定中国特色社会主义的道路自信、理论自信和制度自信，这是最根本的问题、最核心的问题。只有如此，才能做到在党信党、在党爱党、在党为党、在党忧党。

20 世纪 70 年代初，吴金印和同志一起学习

人生之路怎么走，直接受人生观支配。人生观是“总开关”，有什么样的人生观，就有什么样的人生。有了正确的人生观，就能走出伟大的人生、光辉的人生、幸福的人生、有意义的人生；一旦确立了错误的人生观，往往会走出苦恼的人生、扭曲的人生、可悲的人生。世界上的人，不同的人其人生目的是不同的，概括来讲，有三种人生目的：一是为个人求名利、求权力、求享乐的人生目的。他们的信条是“人为财死，鸟为食亡”，“人生在世，行乐而已”。这是剥削阶级享乐主义的人生哲学。他们的享乐是建立在别人的痛苦之上的。二是只求温饱的人生目的。“平生无大志，但求足温饱”，属于小生产者的人生哲学。目光狭隘，要求不高，容易满足。三是为大众谋幸福的人生目的。这是历史上杰出的先进人物所共有的人生目的。马克思在中学时代谈到未来职业时，曾豪迈地写道：“如果我们选择了最能为人类幸福而劳动的职业，我们就不会为它的重负所压倒，因为这是为全人类所做的牺牲；那时我们感到的将不是一点点自私而可怜的欢乐，我们的幸福将属于千万人，我们的事业并不显赫一时，但将永远存在；而

面对我们的骨灰,高尚的人们将洒下热泪。”作为党员干部,只有树立正确的人生观,夯实做人的思想根基,才能适应形势的要求,履行好党章赋予的神圣使命,无愧于当代共产党人的称号。吴金印的人生观非常明确,那就是扎根基层无私奉献,让群众过上好日子。50多年的农村工作经历,吴金印时刻与人民群众同甘苦、共患难:拦河造田,他身先士卒冲在第一线,因劳累过度昏倒在工地上;兴修水利,他第一个住进工地,被群众誉为“茅庵书记”。也许有些人觉得他的所作所为太苦了,可吴金印却以苦为乐,把为人民群众办实事、谋幸福,作为毕生的追求和享受。他把实现人民的幸福当成自己的最大快乐。当看到昔日的荒山秃岭变成了米粮川,当看到吃糠菜团的贫苦群众过上幸福生活时,他感到自己的人生价值得到了最大体现。这就是吴金印崇高的人生观和价值观。

20世纪60年代,吴金印带领群众到25公里外的水泥厂拉水泥

党员干部要把吴金印作为明得失的一面镜子,以吴金印为榜样,树立正确的世界观、人生观、价值观。尤其是那些淡化了理想信念而一味追名逐利的人,淡忘了党的宗旨而高高在上的人,丢掉了艰苦奋斗精神而一味贪图享乐的人,不关心群众疾苦而以权谋私的人,更应该对照吴金印精神这面镜子,认真反省自己,切实加以改正。

二、志在富民，不懈追梦

人是要有一点精神的。领导干部应该有更高层次的理想追求。这是党的性质和宗旨的根本要求和体现。每个领导干部都要始终把建设社会主义、实现共产主义作为自己的崇高理想和精神支柱,着眼未来,立足当前,用具体实在的工作一步一个脚印地向着共同的理想和目标迈进。

吴金印是一个有远大理想的人,他心中一直有一个梦:让群众脱离贫困,过上好日子。他对这个梦非常执着,他是一个不懈追梦的人。

吴金印深知,老百姓的心思千条万条,最根本的就是三条:有饭吃,有房住,有钱花。一句话,就是过上富裕的生活。

在乡镇党委书记岗位上40余年来,吴金印始终与群众同吃、同住、同劳动,是情系群众家长里短的知心人,更是与时俱进引领群众发展致富的主心骨。他说,“把群众带到富路上,把干部带到正路上”是他一辈子的使命。

吴金印在工地与群众同吃同住

1966年,24岁的吴金印在中央团校学习后,组织上同意了他的请求,把他派到地处太行山深处的狮豹头公社。狮豹头山高沟深,90%的粮食靠统销、花钱靠救济,遇

狮豹头靳庄村

狮豹头沙掌村

到天旱，群众连水都吃不上，是全县最穷最苦的地方。到狮豹头公社报到的当天，他就背着行李到靳庄大队驻队去了。吴金印最后选定住在了全大队最穷的牛德英家。吴金印到牛德英家的时候，正赶上他们吃午饭。吴金印看见他们吃的是糠团和野菜。他从牛德英手中端过饭碗尝了尝，那菜汤连盐都没有，又苦又涩。他慢慢品味着，眼泪唰地流了下来。他在心里默默地说：我吴金印要是不能把群众碗里的糠团变成白面，就不配当共产党的干部！吴金印向县委写了决心书："为改变山区面貌，我十年不下山！"从小在农村长大的他，深知土地对于农民的意义。他横下一条心，带着群众向石头要粮食，向大山要活路，向土地要希望。

为了让群众有饭吃，几十年来他造地不止，人们称他"造地书记"。

为了造地，他在狮豹头的山沟里、河坡上搭起工棚住了 8 个寒暑。

为了造地，他在寒冬腊月跳进结冰的河水中垒石堰。

为了造地，他累得晕倒在地，在工程抢险中险些被滚石砸死。

在狮豹头，吴金印带领群众在乱石滚滚的河滩和荒沟野岭上造出了 2400 多亩旱涝保收田，解决了当地群众的温饱问题。

吴金印带领群众开凿的羊湾洞长 162 米，高 8 米，西宽 40 米，东宽 20 米，落差 10 米

吴金印调任唐庄镇党委书记之后，1992 年 10 月，他带领唐庄镇机关干部，在杂草丛生的后山沟安营扎寨，组织起近万人的造田大军，连续奋战两个月，造出了 1000 多亩良田。第二年冬天，又在十里沟造田 1000 多亩。

昔日的十里河沟

吴金印在十里河沟造田工地

今天的十里河沟

2009年,南水北调中线工程进入唐庄段,占用耕地1420亩。吴金印抓住这个机遇,用该工程剥离出来的耕作表层土在十里河沟闸沟造出了1810亩良田。金门沟造田工程新增耕地2600亩。荒沟造田,荒山造田,复耕废弃窑场,复耕拆迁的村庄,这些年来,吴金印带领唐庄镇干部群众造地1.5万亩。

经过多年的奋斗,吴金印带领狮豹头和唐庄的老百姓实现了多年盼望的温饱梦。

群众温饱问题解决之后,如何让他们尽快过上小康生活、过上城里人那样的生活,是吴金印一个新的梦想。吴金印说:"这一辈子最大的愿望,就是想让村民过上城里人的生活,城乡一体化,农村和城市一样,建立田园式的城市。"这可以说是支撑他几十年如一日,甘心扎根农村的坚定信念和无悔追求。

在唐庄产业集聚区,在公路之间、绿树丛中,竖立着的是一家家工厂。林立的厂房如同一片挺举的臂膀,高高地托起富裕而和谐的小康梦。新型农村社区正在大步追赶现代化的城区。这是一个正在演绎着的多姿多彩的城镇梦。追梦的吴金印正扛着他那从不离身的工具,沿着山路大步走着。这条路,通向百姓的家门,通向一个无比绚丽的梦境,是像初升的太阳一样冉冉上升的中国梦……

鲁迅在《中国人失掉自信力了吗》一文中指出:"我们从古以来,就有埋头苦干的人,有拼命硬干的人,有为民请命的人,有舍身求法的人……这就是中国的脊梁。"中国脊梁是中华民族生存的支柱和前进的动力,吴金印就是这样的中国脊梁。

2005 年划归到唐庄镇的贫困村村民住上了崭新的社区农居

在当前的新形势下，我们更需要向吴金印学习，树立远大理想，坚持不懈为实现理想而奋斗。理想是人们对未来美好生活的憧憬、向往和追求，是人们心中所确定的目标和为达到这个目标所下的决心。理想是个罗盘，它对人的行为有着指导和定向作用，使人们在追求理想的过程中不至于迷失方向。丢掉理想的人就如无舵之舟、无衔之马。古今中外一切有志之士为了追求更美好的理想，矢志不移、奋斗不已，有的甚至不惜牺牲生命，表现出伟大的献身精神。一个人只要胸怀革命理想，即使物质生活条件艰苦，也不会觉得苦。相反，如果精神贫乏、空虚，即使物质生活优厚，也不会觉得幸福和快乐。一个人如果没有远大理想和高尚追求，肯定碌碌无为；但如果眼高手低，不去吃苦、干事，必然志大才疏；只能吃一时之苦，不能持之以恒，也干不成大事业。理想是人们奋斗的目标，奋斗是实现理想的桥梁。

崇高的理想是人们不怕艰难困苦、不懈奋斗的强大动力。2013 年 6 月 28 日，习近平总书记在全国组织工作会议上的讲话中引用了《格言联壁》中的几句话："志之所趋，无远弗届，穷山距海，不能限也。志之所向，无坚不入，锐兵精甲，不能御也。"意思是说，志向所趋，没有不能达到的地方，即使是山海尽头，也不能限制。意志所向，没有不能攻破的壁垒，即使是精兵坚甲，也不能抵抗。志是志向，首先要在心中树立一个正确的价值观。立志是事业的开始，也是基础。志还是意志，大凡志向坚定的人必然有股子倔强劲，越是艰难困苦，便会愈挫愈勇。做领导干部首先要解决"为了谁"的问题，大方向不能错。吴金印之所以与天斗，与地斗，与穷山恶水斗，不屈不挠，艰苦奋斗，就是因为他有远大理想的鼓舞。我们要全面深化改革，要实现中国梦，更需要有远大理想的鼓舞和引导。只要有崇高理想的鼓舞，我们就能无远而弗届。

三、扎根基层，无怨无悔

"我是农民的儿子，我离不开他们。"这是 1966 年 8 月，吴金印在一份决心书上写下的一句话。吴金印说："长期在乡镇工作不吃亏，桥架一座是一座，路修一条是一条，地造一块是一块，摞到一起变化就很大，成绩看得见摸得着。"他在狮豹头公社工作 15 年，有 7 年多住在群众家里，另外 7 年多住在造田工地上，住在茅庵里。孟子说："天将降大任于斯人也，必先苦其心志，劳其筋骨，饿其体肤，空乏其身，行拂乱其所为，所以动心忍性，增益其所不能。"要想成长必须经过艰苦环境的锻炼。吴金印扎根基层，足迹遍山乡。既然他选择了基层，那就必然做好了吃苦的准备；既然他选择了奉献，那就必然无怨无悔。

吴金印这样做

1966年,24岁的吴金印被派到地处太行山深处的狮豹头公社。狮豹头山高沟深,是全县最穷最苦的地方。吴金印看到群众吃的糠团和野菜,在心里暗暗发誓:我吴金印要是不能把群众碗里的糠团变成白面,就不配当共产党的干部!吴金印向县委写下决心书:"为改变山区面貌,我十年不下山!"

吴金印在基层干了50多年,当了28年乡镇主要领导干部。这期间有多次调离基层的机会,组织上先后几次安排他到机关工作和担任高一级的领导职务,但是他都诚恳地推却,主动要求在基层干事创业。

几十年来,吴金印带领群众实现了温饱梦、小康梦,如今正在追求富裕梦。

为什么经常听到有人抱怨基层领导越来越难当,群众工作越来越难做?究其根本原因,还是没有解决"我是谁、为了谁、依靠谁"的问题。"难做难当",难在思维转换上,旧思维无法应对新形势,老办法解决不了新问题;难在作风转变上,平日里上门找群众少,下基层蜻蜓点水,浮在表面;难在能力转化上,缺少实践磨炼,知识优势、专业优势未能充分转化为解决问题的能力优势。吴金印扎根基层、无私奉献的事迹,向广大基层领导干部传递了扎根基层、永葆本色、爱岗敬业、忘我工作的"正能量",他用实际行动诠释了"躬身为民终无悔,心中有责天地宽"的人生追求,值得我们深深地思考。

胡锦涛同志在庆祝中国共产党成立90周年的重要讲话中指出:"要把基层一线作为培养锻炼干部的基础阵地,引导干部在同群众朝夕相处中增进对群众的思想感情、增强服务群众的本领。"现在有些干部从"家门"到"校门"再到"机关门",对基层情况不了解,缺乏和群众交流、沟通的经验，在遇到农村问题、农民问题时解决方法不多、能力不强，农民群众并不信任他们。因此，领导干部必须扎根基层，和基层群众面对面接触、心贴心交流，了解基层的实际情况，真正掌握群众所想、所盼、所需，和群众真心诚意交朋友，建立深厚的感情。

吴金印在基层干了50多年，当了28年乡镇主要领导干部。这期间有多次调离基层的机会，组织上先后几次安排他到机关工作和担任高一级的领导职务，但是他都诚恳地推却，主动要求在基层干事创业。1966年8月，吴金印从中央团校学习回来后，新乡地委想安排他在地委工作。当年吴金印刚刚24岁，正是干事创业的好年华。他主动找到地委领导，要求道："我正年轻，基层经验还不多，还是让我到艰苦的地方锻炼锻炼吧。"在他的强烈要求下，领导就同意了他的要求，安排他到太行山深处的狮豹头公社任党委委员、团委书记。1978年，新乡地委提名吴金印担任延津县县委书记，这对基层干部来说是求之不得的事。然而，主要领导找他谈话时，他却说："我曾发过誓，不改变狮豹头的贫穷面貌决不下山。经过十几年的奋斗，虽然狮豹头这个穷山窝有了不小的变化，但与山外比，这里还没有脱贫，有些工程刚刚上马，如果我立马走了，一是没法向山里的群众交代，二是我这心里不踏实，请求领导就让我在这里干吧。"地委领导见他决心很大，组织上又一次同意了吴金印的请求。1996年年初，乡镇换届时，卫辉市市委提议吴金印担任市人大常委会主任。此时，吴金印已年过半百，在农村基层工作了36个年头，在乡党委书记的岗位上度过了28个春秋。面对上级领导的提议，吴金印表示："我已经在基层工作了几十年，对基层工作熟悉，再说基层也确实需要干部，就让我继续在乡里干吧。"党组织再一次同意了他的意见。三次调动和提拔,都被吴金印谢绝了。他一次次俯下身子,与老百姓同甘共苦,为老百姓排忧解难,不计名利,只求做事,不求做官,体现了一个共产党人视个人名利淡如水的崇高精神境界。

一个党员、一个干部,要为人民做一两件好事并不难,在基层干三年两年也不难,难的是在基层一干就干十几年、几十年,而且干得很踏实、很出色、很安心,无怨无悔,不计较个人名利、地位。这就是吴金印毫无自私自利之心、全心全意为人民谋利益的高尚精神境界。然而,有些人看似在为群众做好事,但精神境界与吴金印相比却相差太远了。有些人,身子下去了,心却浮在上面,成天想着早点"进步",虽然也做了些工作,但不是真正为群众谋利益,而是为了给自己树碑,向上级表功;一旦得不到满足,就工作消极,闹情绪,经不起群众的检验和时间的检验。因此,领导干部要树立好正确的地位观、名利观。

领导干部要树立正确的地位观,就要学习吴金印"只求做大事,不求做大官"的精神。地位指的是一个人在社会关系中所处的位置,通常通过职务、职称、荣誉等反映出来。领导干部的地位观集中体现为对职务的基本看法和基本态度。领导干部的地位观是共产党人价值观的体现,其内容包括:正确认识个人素质与机遇的关系,正确认识个人努力与组织需要的关系,正确认识岗位与责任的关系。领导干部要树立正确的地位观,就要正确认识个人素质与机遇的关系。一个人走上什么岗位、担任何种职务,起决定性作用的是个人素质和机遇。个人素质是关键,是内因。机遇是条件,是外因。在当代社会,人们逐步形成了能力本位的观念。所以,领导干部要把主要精力放在提升自己的能力和素质上,努力工作,创造第一流的业绩。领导干部要树立正确的地位观,就要正确认识个人努力与组织需要的关系。领导干部要始终坚持服从组织的安排,摆正个人与组织的关系。要认识到自己的一切来源于党的培养和教育,来源于群众的指导和帮助。离开了党和群众,个人将一事无成。马克思主义认为:“只有在集体中,个人才能获得全面发展其才能的手段,也就是说,只有在集体中才可能有个人自由。”[1]领导干部要树立正确的地位观,就要正确认识岗位与责任的关系。职务是为履行职责而设置的,任何职务都是权力、责任和义务的统一。岗位和责任是成正比的,地位越高,责任越大。职位就是领导干部为人民服务的岗位。江泽民同志曾经指出:“要把心思用在工作上,用在为人民谋利益上,至于个人职务的升降去留,应坦然地接受党和人民的选择。党和人民给自己什么样的职位,就要在那个位置上尽心尽力,发光发热。”

四、严以修身,道德高尚

领导干部不但要做人民公仆,而且要做人民的道德楷模。做一个有道德的人,做一个高尚的人,是做好领导干部的基础的基础。领导干部只有具备让人民群众信服的美德,人民群众才敢将权力托付给他们。领导干部的美德主要包含四个方面,即智慧、忠诚、守信、廉洁。智慧是指具备各种必备的专业知识,能明确认识什么是善、什么是恶,什么是该做的、什么是不该做的,树立正确的价值观念;忠诚指对国家、对党、对人民的忠诚,这个忠诚应该是无条件的;守信就是在公共活动中根除一切弄虚作假、欺诈说谎行为,言而有信,取信于民;廉洁意味着不贪钱财,始终保持正直清白的本色。

吴金印几十年来严以修身，是广大干部群众敬仰的道德楷模。他富有智慧，干一行，专一行，精一行。他忠于党、忠于国家、忠于人民，也忠于家庭、忠于爱情。

吴金印夫妇查看栽种的菜苗长势

吴金印有一个温馨的家庭，和妻子虽然不是自由恋爱结合，但二人几十年来相敬如宾，妻子对丈夫的工作给予了全力的支持和充分的理解，是吴金印的贤内助。吴金印工作50多年来，妻子王莲凤不知为他做了多少双鞋。有一年春节，儿女们要给吴金印买一双皮鞋穿的时候，吴金印深情地对儿女们说："你妈做的布鞋穿上最舒服，干活也方便。我还是那句老话，我一辈子都想穿你妈做的鞋。"吴金印用最朴实的语言表达了对爱情的忠诚和对妻子的深情。吴金印每次回家，差不多都是利用开会出差的机会。回到家，他都要给父母亲洗洗脚、梳梳头，尽自己的一份孝心。

吴金印言行一致，说老实话、办老实事、做老实人。山河变换，时光荏苒，他几十年如一日，始终朴实。头戴一顶军绿色小布帽，身上松松套着件白色上衣，

工棚里的吴金印

脚蹬一双黑色的老布鞋，在人群中一眼就能被认出来。他是一个把一辈子都献给土地，为了农民的基层好干部。他廉洁自律、克己奉公，始终保持着“为了群众不受苦、干部就得先吃苦”的道德情操。

吴金印谦虚谨慎、戒骄戒躁。作为老典型，他的故事很多，也很传奇。他历任卫辉市市委副书记、新乡市市委副书记、新乡市人大常委会副主任，资格老、资历深。但他从来不要派头、不摆架子，一直以一名乡党委书记的标准要求自己。无论是经济活动、人事安排或重大项目实施，他从来不摆老资格、不施加任何压力和影响。年轻干部到唐庄镇去协调工作，他始终放低姿态，保持着谦虚谨慎、戒骄戒躁的作风，为合作共事提供了基础。他工作作风朴实、为人忠厚。吴金印的这些特质已经超越了本人，更代表了一种精神，我们有义务、更有责任去升华这种精神，去汲取这种养分。

2010年，为了吸引世界500强企业百威英博啤酒集团在唐庄投资建厂，吴金印一次一次奔赴该集团总部所在地上海，诚恳地邀请他们到唐庄考察。一连几天，吴金印没睡过一个囫囵觉，两眼熬得通红。百威英博啤酒集团高层被吴金印的真情所打动，在综合评估各方面条件之后，决定把投资27亿元、年产啤酒100万吨的项目放在唐庄镇。该集团一位高管说，他们选择唐庄镇，除了这里的环境好、基础设施完备之外，主要是钦佩吴金印的人

世界500强企业百威英博啤酒集团在唐庄投资建厂

品和能力。

“努力以道德的力量去赢得人心、赢得事业成就。”习近平总书记2014年5月在河南考察工作时鞭策领导干部要发挥表率作用、培养人格魅力，在提升道德修养的基础上干好工作、当好干部。我们要落实总书记的号召，就要向吴金印学习，像吴金印一样严于修身，加强自身道德修养。加强道德修养是党员加强党性修养的应有之义。道德是人格之本，高尚的人格首先要有高尚的道德。作为党员干部道德上的要求，自然应该比普通人高，越是身处重要岗位，道德要求就越高。我们党选拔干部的标准就是德才兼备、以德为先。德既有理想信念、政治上的要求，也有思想品行、道德上的要求。现在一些党员干部确实存在道德滑坡的问题，有的甚至走上了腐败堕落的道路。这就提醒人们，必须把加强道德修养作为领导干部人生重要的必修课。要自觉践行社会主义核心价值观，继承中华民族传统美德，从与人民群众的交往中得到灵魂的洗礼、道德的提升，以先进典型为镜，查找自己思想境界和道德修养上的不足，不断改进提高，不断增强守政修德的自觉性。

要加强党员、干部思想道德建设，使广大党员、干部成为实践社会主义核心价值体系的模范。干部道德本质上是一种政治道德，而政治道德始终处于社会道德的核心地位。我国历史上，历来重视政治道德建设。古代神话传说中的民族首领都是道德的化身，如盘古开天辟地、女娲炼石补天、神农尝百草发明草药，等等。孔子强调“为政以德”。司马迁在总结政权兴衰历史经验的基础上提出“有德者昌”。干部道德代表着社会较高层次、体现道德发展较高要求的超前性规范，比如公而忘私、无私奉献、毫不利己、专门利人，等等。这些道德规范对于一般群众是理想性、提倡性、鼓励性道德，但对干部来说则是必须践行的道德戒律。邓小平同志曾指出，在改革开放和市场经济条件下，“党员尤其是党的高级负责干部，就愈要高度重视、愈要身体力行共产主义思想和共产主义道德”[2]。领导干部更要遵守社会的先进性、广泛性道德要求。领导干部不能放松对自己的要求，把自己混同于一般老百姓，也不能只注重了如何当好一个经济建设的排头兵，却无法清醒地认识怎样做一个“道德人”。汉代张衡说：“君子不患位之不尊，只患德之不崇。”

2014年5月，习近平总书记在河南调研时强调，事靠人为，事在人为。建设一支德才兼备的高素质执政骨干队伍，是我们事业成功的根本保证。面对纷繁复杂的社会现实，党员干部特别是领导干部务必把加强道德修养作为十分重要的人生必修课，自觉从中华优秀传统文化中汲取营养，老老实实向人民群众学习，时时处处见贤思齐，以严格标准加强自律、接受他律，努力以道德的力量去赢得人心、赢得事业成就。各级党组织要加强对党员干部的教育、管理、监督，用好选人用人考德这根杠杆，引导党员干部堂堂正正做人、老老实实干事、清清白白为官。

五、无私奉献，碑在人心

人的价值体现在对社会、对他人的奉献之中。奉献越多，生命才更有意义。古今中外许多伟人英雄，他们生前无私奉献，为人类社会建立了不朽的功勋，人民把他们刻在心里，流芳千古。奉献是共产党人价值观的根本出发点。吴金印常说：“人生的价值在于奉献。”讲奉献还是求索取，是一个党员干部对党和人民的事业忠诚与否的主要衡量标尺，也是区分政治品格高下的重要分水岭。吴金印视党和人民的事业为第一生命，致力于工作、奉献于社会、服从于组织、服务于人民，淡泊名利、乐于奉献。

为人民服务，是真诚的付出；为人民服务，是忘我的投入。

吴金印与女儿小红在一起

吴金印最小的女儿是吴金印心中永远的痛。至今提起这个孩子，吴金印还心存歉疚。那是狮豹头公社拦河造田最紧张的时候，一天吴金印的爱人给他打电话说，1 岁多的小女儿患了败血症，要他赶快回家给孩子看病。他平时很关心小女儿，这个时候他也很想回家看看小女儿。但是考虑到正是大坝合龙的时候，作为党委书记决不能丢下不管，于是，他只是安慰妻子几句，始终没有离开工地一步。当大坝合龙后，他回到家的时候，小女儿扑到他怀里，眼里含着泪花，嘴张了几张，可是终于没有说出话来。因病没有及时救治和药物反应，小女儿成了聋哑儿，整个世界对于她已永远是一个无声的世界，她再也不会说话了。

吴金印为了让群众过上好日子,很少顾及自己的家,他是舍小家为大家。唐庄离吴金印家10公里,狮豹头离他家也不过30公里。但因为忙于工作,吴金印难得回一次家。他的儿子吴山保见到父亲的机会很少,对父亲几乎没有印象。小学四年级的时候,老师出了一篇作文,题目为"我的父亲",吴山保面对题目无从下笔,因为他不了解爸爸,不知从何写起,急得直哭。对自己的家人,吴金印总觉得充满愧疚,因为实在亏欠他们太多了。一次,他母亲心脏病复发,处于昏迷状态,有生命危险,被送进了医院。在昏迷中老人还在念叨儿子的名字。但由于吴金印此刻正忙着大家的事,不能回去看她一眼。

吴金印如今已经是70多岁的老人了,但他仍然要争分夺秒地去干,给老百姓带来更多的幸福,给新农村建设带来更多的希望。人民永远会记住一个乡镇的党委书记,他的名字已经刻印在老百姓的心中。我们也期望更多领导干部成为热爱农村、扎根基层、全心全意为人民造福的好干部,给农民带来更多幸福和希望。

作为共产党人就应该像吴金印一样,树立正确的利益观,甘于牺牲,乐于奉献。要把为人民群众办实事、谋幸福,作为毕生的追求和享受。自觉落实党章要求,坚持党和人民的利益高于一切,个人利益服从党和人民的利益,吃苦在前,享受在后,克己奉公,多做贡献。要多想群众少想自己,多想事业少想名利,多想奉献少想索取,唱响新时代的奉献之歌。

第二章　一心为民的吴金印

理论导读

马克思主义认为，人民群众是实践和认识的主体，是历史的创造者，是社会前进的动力；人民群众是社会物质财富的创造者、社会精神财富的创造者，也是社会变革的决定力量。人民群众是我们力量的源泉。全党同志必须牢记，密切联系群众是我们党的最大政治优势，脱离群众是我们党执政后的最大危险。人民群众的历史地位决定了我们必须把人民的利益放在第一位。忠实地代表人民群众的利益，是我们党得到人民群众拥护和支持，永远立于不败之地的决定性因素。

坚持一心为民，把人民利益放到第一位是由党的性质决定的。无产阶级产生以前的“一切运动都是少数人的或者为少数人谋利益的运动。无产阶级的运动是绝大多数人的、为绝大多数人谋利益的独立的运动”[3]。一切剥削阶级政党都是立党为私、执政为己的，而无产阶级政党是最先进的阶级，无产阶级的先锋队组织，决定了无产阶级必然是立党为公、执政为民，为绝大多数人民群众谋利益的客观必然性。

坚持一心为民，把人民利益放到第一位是党的宗旨的体现。党的宗旨是全心全意为人民服务，党的一切奋斗最终目的都是为人民谋利益。为人民谋利益是中国共产党一切工作的基本出发点和落脚点。正如习近平总书记所讲："人民对美好生活的向往就是我们的奋斗目标。"

坚持一心为民，把人民利益放到第一位是共产党人的人生观、价值观决定的。共产党人活着的每一天都是为了保护人民的利益，为了人民的自由解放，为了全心全意为人民服务。我们的党员干部要明白为什么活着。如果只是为自己、为家庭活着，意义是很有限的。只有为国家、为社会、为人民群众的利益而奋斗，这样的人生才有真正的意义，才是光荣的人生，才是闪光的人生。

20 世纪 70 年代吴金印带领群众修建的黄叶大桥

吴金印最可贵的地方就在于几十年如一日，时代变了，环境变了，而他始终没有变，坚守一个信念，立足于为人民办好事，为百姓办实事，总之一句话：一心为民。心系群众，甘为公仆，忠诚践行党的全心全意为人民服务的宗旨是吴金印精神的根本点，也是他全部精神的核心、源泉和动力。作为土生土长的农村基层干部，成年累月和农民生活在一起、劳动在一起，吴金印和农民结下了深厚的感情。在党的教育下，在雷锋、焦裕禄等先进人物的影响下,全心全意为人民服务成为他毕生的价值追求。他"视人民如父母,视群众如亲人",几十年如一日,始终站在群众的立场上,想群众之所想,急群众之所急,完全彻底地为人民谋利益,自觉践行全心全意为人民服务的宗旨,在人民心中树起了丰碑。

吴金印如是说

只有生活在群众中,才能了解群众;只有知道群众在想啥,才知道自己该干点啥。

水可以没有鱼,但鱼不能没有水。活鱼水中游,死鱼水上漂,干部脱离了群众就是一条死鱼。

不尽心尽力地为老百姓办事,就是没良心,就是不孝之子!

一、牢记宗旨,甘做公仆

为人民服务,是中国共产党人的神圣天职;为人民服务,是中国共产党人的永恒主题。作为共产党人,吴金印始终坚持全心全意为人民服务的宗旨,以拳拳之心报党,以殷殷之情爱民。他用生命实践着党的全心全意为人民服务的宗旨,用行动诠释着立党为公、执政为民的本质。

吴金印,这是一个普通的名字,但它浓缩了"公仆"二字的全部内涵。他倾听群众呼声,关心群众疾苦,切切实实为群众排忧解难,把党的温暖带给千家万户。牢记党的宗旨,深怀爱民之心,吴金印把自己的青春、热血、辛劳投入到了无限的为人民服务之中。

1959 年 10 月,吴金印刚刚 17 岁就参加了工作,在李源屯公社董庄

吴金印视人民如父母

村任会计。一开始，对于吴金印当会计，全家人都反对。在老人的心里，“一年柜先生，十年不清账”，认为这是一个得罪人的差事。万一赔了，拿什么赔呀？在反对声中，吴金印来了犟劲：“我一不图名，二不为财，就图能为全村父老乡亲干点事儿，还能把咱家的房子掀了不成？这会计我干定了！”“一不图名，二不为财，就图能为全村父老乡亲干点事儿”，这可以说是吴金印的就职演说，也可以说是他实践一生的誓言。

老支书董好和看到吴金印一天天健康地成长，认为他是一棵好苗子，要好好栽培。一天，他郑重地和吴金印谈话：“你想入党吗？”吴金印激动地说：“愿意，愿意，我连做梦都想，可，可我够条件吗？”董好和没有直接回答，而是详细给他介绍了中国共产党的性质、纲领、党员的权利和义务等有关党章知识。董好和语重心长地对吴金印讲：“只要你有一颗全心全意为人民服务的心，不够条件也会去创造条件，我愿意做你的入党介绍人。”从此，吴金印学习更加勤奋了，工作更加努力了。老支书董好和是位老党员，当支书十多年，真心实意为全村群众服务，是一名模范的共产党员。吴金印就以他为榜样，沿着老支书的足迹前进。1960 年 1 月的一天，面对鲜红的党旗，吴金印庄严宣誓，光荣地加入了中国共产党。他的人生掀开了崭新的一页。无论何时何地，他都牢记入党的誓言：为了党和人民的利益随时可以牺牲自己的一切。

吴金印常说，“一个党的干部就要始终保持人民公仆本色，不能要名，不能要利，更不能要官。党让咱掌权，咱就要对党负责；党让咱当官，咱就要为民吃苦，共产党人追求的目标不是职权大小、级别高低，而是为官一任，造福一方”，决不辜负党和人民的关怀培养，“一辈子跟党干革命，一辈子全心全意为人民服务，永远做人民的公仆”。

1944 年 9 月 8 日，毛泽东为一个普通战士张思德的去世发表了一篇流传至今、脍炙人口的演讲《为人民服务》，在这篇著名演讲中，毛泽东第一次明确、完整地把党的根本宗旨概括为“完全”“彻底”地“为人民服务”。其实，中国共产党从诞生之日起，就把全心全意为人民服务写在了自己的旗帜上。中国共产党来自于人民，植根于人民，服务于人民。我们党的历代领导人都十分强调要始终坚持党的根本宗旨。毛泽东指出：“共产党人的一切言论行动，必须以合乎最广大人民群众的最大利益，为最广大人民群众所拥护为最高标准。”[4]“文化大革命”一结束，邓小平同志就强调要恢复和发扬党的优良传统和作风。在邓小平的倡导和全党的共同努力下，党的全心全意为人民服务的优良传统作风，逐步得到恢复和发扬。在建立社会主义市场经济的新条件下，江泽民同志强调：“中央反复强调领导干部要保持清醒头脑，其中一个基本要求，就是时刻要摆正自己同人民群众的位置，时刻牢记为人民服务的宗旨，时刻警惕脱离群众的倾向。”[5]

中国共产党的历史是一部始终与人民群众鱼水相依、血肉相连、甘苦与共的历史。90多年来，党所领导的事业无往不胜、蒸蒸日上，这是广大党员干部以一腔赤子情怀坚持为人民服务为宗旨，坚持密切联系群众的传统，坚持为老百姓办实事的作风的结果。

为人民服务是崇高的誓言，是真诚的付出，是共产党先进性的体现。战争年代是这样，计划经济时期是这样，社会主义市场经济时期也仍然是这样。否则，我们事业的根基就会不稳。为人民服务，是中国共产党人的永恒主题。

二、情系群众，敬如父母

吴金印说：“我那时候年轻，是朴实的山里人教我懂得了啥叫善良、啥叫感恩。这一辈子，啥时候想起他们，心里都是暖烘烘的，觉得不尽心尽力地为老百姓办事，就是没良心，就是不孝之子！”这句话是一个震撼历史的声音，他说出了中国共产党人对人民的全部忠诚。吴金印最常说的一句话是：“人民是我们的衣食父母。”这句话很平凡、很淳朴，但却准确地道出了领导干部和人民群众之间的位置。视人民如父母，是为人民服务精神的情感体现，是党与人民群众关系的生动阐释。

吴金印在狮豹头公社池山大队驻队的时候，住在烈属宋大娘家。宋大娘的大儿子在战争年代牺牲了，二儿子在外地工作，儿媳早逝，留下三个年幼的孩子。吴金印住进她家之后，就成了家里的顶梁柱，修房子、砍柴、挑水、请医买药等家务，吴金印都承担了起来。有一次，宋大娘的胃病犯了，疼得在床上打滚。吴金印找来一张竹床扎成担架，跟另外几个人抬起宋大娘，在漆黑的山道上深一脚浅一脚地往公社医院跑。到了医院，他替宋大娘办了住院手续、交了住院费，又亲自去取了药，找来开水帮宋大娘把药吃下。病情稳定了，他守在宋大娘床边为她捶背、擦汗、扇扇子。宋大娘吐痰，他赶紧用手帕接住，在宋大娘床边守了整整一夜。

宋大娘病愈后行动不便，吴金印每天为她端尿盆、穿鞋，给她烧水洗脚。宋大娘非常感激，一再说，你是干部哩，这样侍候俺，大娘经受不起啊。吴金印说："你大儿子为革命牺牲了，我就是你的儿子。儿子照顾老人有啥不应该的？"宋大娘激动得眼泪哗哗地往下流。之后，吴金印下山开会办事，老人就扳起指头算日子。老人在弥留之际喊的不是儿孙，而是吴金印的名字。

在他身上，人情、亲情、乡情，一样也不少；温度、热度、纯度，哪个也不缺。吴金印从来没有刻意深入群众，他早已成为群众中的一员，在百姓眼里，他不仅是党的干部，更是他们的朋友和亲人。党性，从来不是抽象的，而是感情丰沛、血肉丰满的。吴金印就是这种具有党性的人。

吴金印与群众在一起

在沙掌村蹲点时，吴金印不住村支部安排好的大队部，而是选择住在70多岁的五保户武忠家，与武忠靠床而住。他说："住五保户家，对老人是个安慰，这也是给群众做出榜样，让他们看到共产党是真心为老百姓办事的,他觉得你是自己人,有话也敢向你说。”武忠年老多病,吴金印就承担了所有家务,端水送饭、挑水扫地、买药洗衣。老人感动得逢人就说吴金印胜过亲儿子。一次,吴金印看到老人走路一瘸一拐,就问:“大爷,你咋啦?让我看看。”吴金印扳起老人的脚仔细看了看,发现有一个脚指甲弯进了肉里,外面结了一层厚厚的老茧。吴金印找来小刀,轻轻地一下一下地将老茧割去,把指甲一点点剜出来。武忠泣不成声,激动地说:“你真是个好人啊,让我咋感激你啊?”吴金印说:“大爷,你不用说这些,这是我的责任,咱是一家人啊。”一个共产党的乡党委书记为一个孤寡老人小心翼翼地修脚,这是过去任何朝代也不曾有的事情呀!吴金印说得好,这是责任,是共产党人的责任,是党的干部的责任。共产党和人民群众就是一家人,为人民服务是共产党人的天职。

天地间,民为贵。2000多年前的孟子曾说:“民为贵,社稷次之,君为轻。”即“民贵君轻”的思想。马克思主义认为,人民群众是社会历史的创造者,他们不但是社会物质财富的创造者,是社会精神财富的创造者,而且是社会变革的决定性力量。毛泽东以高度凝练的话语概括了人民群众的地位:“人民,只有人民,才是创造世界历史的动力。”[4]正因为人民群众的历史地位,共产党人只有赢得人民群众的拥护和支持,才能取得革命和建设事业的胜利。斯大林曾引用古希腊的一个神话,说明共产党离不开人民群众。古希腊神话中有一个大力神叫安泰,他力大无比,所向无敌,但他有一个弱点,就是双脚不能离开生养他的母亲大地,一旦离开大地,他就会变得丝毫无力。他的对手就利用了这一弱点,故意挑逗他离开大地,然后在空中将安泰扼死了。共产党如同安泰一样,只有双脚不离开母亲人民群众,才能充满力量,一旦离开母亲人民群众,就会变得丝毫无力,一刻也不能生存。不幸的是,斯大林去世不到半个世纪,他所参与创建并长期领导使之一度强大无比的党,并没有免于这一厄运。这一共产主义运动的悲剧再次给中国共产党人敲响警钟:永远不要脱离群众。

因此,中国共产党人一定要视人民如父母,视自己为"人民的儿子",全心全意为人民服务。共产党人只有摆正与人民群众的位置,才能与人民群众心相通、情相连。吴金印自觉实践着全心全意为人民服务的宗旨,敬人民如父母,始终把群众的冷暖放在心上,做到了权为民所用,情为民所系,利为民所谋。他常说的一句话是:"如果群众过不上好日子,那就是共产党人没本事!"这话朴实无华,但又振聋发聩。

习近平总书记曾指出,"与人民心连心、同呼吸、共命运,说到底就是一个感情问题","感情是和群众处出来的,不处,就难以及时准确地了解掌握群众所思、所盼、所忧、所急;感情是在实践中干出来的,不干,就难以把群众工作做实、做深、做细、做透。处了,干了,感情油然而生,就会自觉地把转变工作作风和解决群众反映问题结合起来,自觉地多做一些雪中送炭、急人之困的事情"。吴金印之所以对群众充满感情,是因为他们吃在一起、住在一起、劳动在一起,他时时刻刻都生活在群众中间,与群众相处,所以,他才与群众心相印、情相融。

要把群众当亲人。只有我们把群众放在心上,群众才会把我们放在心上;只有我们把群众当亲人,群众才会把我们当亲人。无论时代如何变化、条件如何变化,我们都要保持对人民的一片赤子之情,都要葆有为人民服务的公仆之责,以最真的心、最深的情、最大的力,解民忧、排民难、谋民利、暖民心。要像吴金印那样,培养与群众的情感,不仅要缩短空间的距离,更要拉近心灵的距离,不仅要面对面,更要心贴心。党来自人民,根植于人民,人民是我们的衣食父母。党员领导干部要沉下身子与群众交朋友,深入田间地头、工厂车间,和群众打成一片,与他们面对面地交谈,心贴心地拉拉家常,耐心倾听他们的心声,多关心百姓的疾苦,了解群众的真实想法,不断增进干群之间的感情。领导干部对群众葆有公仆情怀、赤子情怀,就能与群众骨肉相连、心心相印,为群众鞠躬尽瘁、尽心尽责。

三、为民谋利,改善民生

吴金印常说,“一切为了群众,是干部的职责”,“帮助群众挖掉穷根,就是最大的联系群众”。为人民服务,不能停留在口号和一般要求上,必须围绕人民群众最现实、最关心、最直接的利益来落实。望梅难以止渴,画饼不能充饥。我们决不能做一些口惠而实不至的事情。老百姓需要的是切切实实的行动、实实在在的利益。胡锦涛同志曾指出:“群众利益无小事。凡是涉及群众的切身利益和实际困难的事情,再小也要竭尽全力去办。”清代廉吏郑板桥作诗曰:“衙斋卧听萧萧竹,疑是民间疾苦声。些小吾曹州县吏,一枝一叶总关情。”只有中国共产党人才具有“一枝一叶总关情”的情怀。吴金印始终坚持“权为民所用,情为民所系,利为民所谋”,时时把群众的冷暖放在心上,做到了“民之所欲,长在我心”。

吴金印这样做

吴金印在狮豹头公社池山大队驻队的时候，住在烈属宋大娘家。他承担了家里的所有家务，亲自送宋大娘到医院看病，每天为她倒尿盆、穿鞋，给她烧水洗脚。

在沙掌村蹲点时，吴金印住在70多岁的五保户武忠家。他为武忠老人端水送饭、挑水扫地、买药洗衣。老人的脚有一个脚指甲弯进了肉里，外面结了一层厚厚的老茧。吴金印找来小刀，轻轻地一下一下地将老茧割去，把指甲一点点剜出来。

在狮豹头公社工作的15年里，为了解决群众吃饭问题，吴金印带领群众开凿了7个山洞，修筑了85道大坝，建了25座水库和蓄水池，造了2400亩旱涝保收的丰产田，改变了山区人民祖祖辈辈吃糠咽菜的历史，乡亲们吃上了白馍。

到狮豹头公社工作后，吴金印通过调查发现，群众面临的最严峻的问题是缺水。一些村的群众吃水也要靠救济。每逢干旱，政府就派车运水分到各家各户，一人一天只能分到3碗水，娃娃们常年不洗手脸，成年人几天洗一次脸，洗过的水再用来洗衣服，洗衣服的废水再喂牲口。为解决群众的吃水难问题，吴金印跑遍了全乡所有的大山小山，更深人静，当听到地下河水流动的声音，他常常带人手拿火绳，黑夜里翻山跨沟，耳贴石壁静听。听说哪里有个泉

山区缺水的群众，大旱时要跑十几里山路去挑水

眼,就不辞辛苦跑去查看。在西拴马村东山腰有个水泉,吴金印就带领群众在那里修了7个大水池,把流入山谷的水收集储存起来,然后接到村里,安上水龙头,老百姓就吃上了自来水。这个方法很快在其他几个村推广。有的山村找不到水源,吴金印就用别的方法。他发动群众在房檐下接水、旱井雨季接水、水库水池存水、引水,等等。在池山村驻队期间,他还亲自动手,经过一年时间,为群众挖出了一眼深7米、能容纳十几立方米的旱井。雨季到来,他将山上流下的水引入旱井,群众再不用为吃水发愁。这种方法在全公社加以推广。全公社一年间共挖旱井上千眼,修建高标准水池200多个,修建小水库几十个。全公社群众的吃水问题得到了解决。

池山村蓄水池

狮豹头人面临的第二大难题是吃粮难。吴金印在靳庄村蹲点时,住在牛德英大娘家。吃饭时吃的是稀汤泡糠团,配上黑得像炭一样的酸菜。听到群众常年都吃这样的饭,吴金印泪流满面,暗下决心:共产党人要真心为群众办事,一定要让老百姓过上好日子。他咬破中指向上级党组织写下决心书:不改变山区面貌,决不下山!

如何解决群众的吃饭问题?粮食从何而来?从土地中来。要想有粮必先有地。狮豹头四处环山,下面是荒沟。山推不走,沟填不平。地从何而来?吴金印琢磨出一个办法:山推不动,可以削它一层皮,造成梯田;沟填不平,可以让它改道,腾出地盘,还可以让下面流水,上面造田。

下了决心以后，吴金印就带领群众开始了历时十年向石缝要土、向沧河要田的宏伟工程。

在狮豹头公社工作的15年里，吴金印带领群众开凿了7个山洞，修筑了85道大坝，还垒砌数以千计的大小堤堰，建了25座水库和蓄水池，开了40多公里的水渠，筑了40多公里的高标准山区公路，架了8座桥，造了2400亩田，并且都是旱涝保收的丰产田。过去，这里小麦亩产平均只有100多公斤，通过治理，亩产达到400公斤左右，除了满足自给之外，每年还可以向国家交售大批粮食，改变了山区人民祖祖辈辈吃糠咽菜的历史，乡亲们吃上了白馍。

1987年11月，吴金印初到唐庄乡时，群众生活很苦，吃的是野菜，住的是土窑洞。有些群众因生计艰难，无奈外迁，走之前到坟地，给祖先再烧把纸，临走，全村人都出来送，大家一起哭。1988年，该乡遇上百年不遇的大旱，庄稼枯萎，水井干涸。

吴金印说："老百姓养一头猪，一年能挣几百元；养一只鸡，一年能攒一罐鸡蛋。咱们当干部的，吃的是人民的粮食，花的是人民的税收，如果不替人民办事，还不如一头猪、一只鸡！"正是抱着"当官不为民做主，不如一头猪"的朴素思想，他带领全乡人民，拼命苦干、实干，彻底改变了唐庄的面貌，使一个老百姓在20世纪80年代仍过着穴居生活、食不果腹的穷乡僻壤，变成了人民丰衣足食的远近闻名的"明星乡镇"。

在唐庄镇街道两侧，百威英博、北新建材等世界500强和银金达、六和集团等国内知名企业的厂区气派壮观，花园、医院、学校、文化中心俱全的新农村社区秀美堪比别墅区。唐庄镇先后投入5亿多元，修筑"五横五纵"10条道路，完善水、电、气、绿化美化等基础设施，吸引了30多

唐庄镇高效农业园区

家国内外知名企业落户。2012 年,全镇工业产值 33.8 亿元,不少村民在家门口就实现了就业。“车轱辘一转,一年十来万。”越来越多的村民在贴息贷款政策引导下,买货车跑起了运输。唐庄镇的“万亩林果园”“生态观光园”等农业现代化建设工程,也让农民的腰包迅速鼓起来,家家有果树,户户走富路。数字是枯燥的,但又是十分具体的,它塑造出了一个踏踏实实、为群众利益苦干实干的公仆形象。

新型社区——唐庄镇四和社区

吴金印说:“当干部,只有为老百姓干实事,心里才踏实。”20 世纪六七十年代，吴金印带领干部群众治山治水，填沟造田，让吃糠咽菜的村民吃上了白馍；八九十年代，他领导发展乡镇企业，使昔日花钱靠救济的农民摆脱了贫穷；进入新世纪，农民人均纯收入不断增加，家家住洋楼，看病、上学、就业都在家门口。

"人民对美好生活的向往就是我们的奋斗目标。"以造福人民为目的，人民才会和我们同心同德；以实现人民利益为准则，人民才会和党共同奋斗。切实改善民生，使全体人民共享改革发展的成果，以民生的改善获得民心，这是密切党群关系的基础。马克思指出："人类奋斗所争取的一切，都与他们的利益有关。"[6]要密切党群关系，就必须代表人民群众的根本利益，必须把发展作为执政兴国的第一要务，大力发展生产力，以满足人们不断增长的物质文化需要。当前，我们尤其需要注意的是如何把"蛋糕"切好，以保证全体人民共享改革发展的成果。我们要充分发挥执政党的利益整合功能，加大利益整合的力度，调整利益分配关系，尽快建立体现公平与公正的社会利益结构，让广大人民群众充分享受改革发展的成果。针对我国发展的阶段性特征，顺应人民群众过上更好生活的新的期待，把保障和改善民生作为工作的根本出发点和落脚点，完善保障和改善民生的各项制度安排，加快基本公共服务体系建设，在学有所教、劳有所得、病有所医、老有所养、住有所居等方面持续取得进展。各级各地党政部门、党员领导干部要始终坚持做到"以人为本""民生为先"，将"保障和改善民生"进行到底，让人民群众生活得更加幸福、更加体面、更有尊严。

领导干部要做到心中装着群众。在现实工作中，我们的一些干部在衡量经济建设成就时，把 GDP（国内生产总值）看得重了些，把群众利益看得轻了些。在决策过程中是否心中始终装着群众,装的分量有多大,是衡量领导干部是否真心为民的一个重要标准。领导干部无论任何时候都要把人民利益放在心中最高的位置,要眼中看到群众。领导干部眼睛向下,向群众看,表示的是关切;目中只盯着有钱人或盯着上级领导,是违背"一切依靠群众"要求的。有些领导干部不怕千夫指,就怕一人骂。脱离实际、脱离群众就根源于此。群众是真正的英雄,多看群众一眼,多接触群众,我们才能获得智慧和力量。领导干部要做到耳中常听民声。现在,一些干部一方面不愿和群众说话,一方面是说不上话。究其原因,有立场问题,有方法问题,也有耐心问题。有的干部和群众说不到三句话,心中就不耐烦。如何能与群众心灵相通?善于倾听,是一种度量,一种修养,也是一种智慧。领导干部要善于倾听群众的声音,只有如此,才能做到密切联系群众。

吴金印有事同群众商量

四、依靠群众,拜民为师

人民力量大,群众是靠山。吴金印说,"一切为了老百姓,一切也要依靠老百姓","干群关系就是鱼水关系,善于利用群众的力量,一就能变成十,离开了群众,再简单的工作也没戏"。吴金印一直坚信群众是真正的英雄。他深知集体的力量和群众的智慧远超个人,因此在做推动社会经济发展的决策时,要发扬民主,集中群众智慧,从而使决策引发乘数效应。为了方便记忆,吴金印还把这种工作方法编成顺口溜:

遇到事,先开会,
问问群众对不对,
群众说对咱就干,
不对咱就另外换。
说了算,定了干,
再大困难也不变。

在工作中遇到难题,吴金印就会到群众中间去,跟他们商量解决办法。这个法子很灵。唐庄镇有个山庄村,1997年,村民提出让镇里帮助他们修条水泥路。吴金印带着几个镇干部跟群众商量的意见是:修路的经费主要由镇财政支出,每家每户多少凑一点钱,村民以出义务工的形式参与修路。绝大部分村民同意这个方案,并在协议书上签了字。只有两户村民不同意出钱,但同意出工。另有一户村民,既不同意出钱,也不同意出工。吴金印召开村民大会,就最后一户村民的态度交由大伙讨论。群众站出来纷纷发表意见,有的说:"镇里支持咱村修路,是给咱们办好事哩,你这个态度,像啥话?"有的说:"就你能,俺都是傻子?俺村盛不下恁能的人,你走吧!"还有人说:"你不出钱,不出力,就没权走新修的路;要走,走一次掏一次钱!"大家你一言我一语,把那人说得无地自容。最后,那人真诚道歉并履行了义务。结果主要由镇里出钱,村民出力,把这个村的路修通了。吴金印经常用这个事例教育唐庄的干部要充分走群众路线。他说:“咱永远不要觉得自己比老百姓高明,不能到了一个地方就指手画脚瞎指挥。群众在基层,最能吃透情况,并且整天都在思考问题,他们的想法往往更切合实际。我们当干部的,如果放着恁好的老师不去请教,岂不是傻子?”

1999年,代庄村作为新乡市新农村建设的示范村开始进行统一规划和改建,但不少村民不理解,工作阻力很大。吴金印就采取召开全村党员干部和群众代表大会的方法,让群众充分发表意见,展开讨论,最终制定了“先拆给补助,后拆少补助,影响工程没补助和先拆者优先挑选宅基地位置”的奖惩措施。方案定下来后,拆迁工作进行得非常顺利。

吴金印和四和社区群众商量绿化方案

唐庄镇地形复杂,各行政村所处山区、平原地形各异,住房观念也不相同,为了使村庄规划符合实际和群众的意愿,镇里多次请来规划设计部门实地勘察,并将设计图张榜公布,然后,各村从下至上多次开会讨论,充分尊重民意。

在唐庄镇,吴金印不住机关、村委,而是串百家门,一边帮他们挑水扫地,一边了解基层情况,跟群众商量制订发展规划。吴金印说:“只有生活在群众中,才能了解群众,知道群众在想啥,才知道自己该干点啥。”很多决策的出台,就是在与群众的沟通中形成的。唐庄镇取得的成就都是群众集体智慧的结晶。群众最有智慧,群众最有力量。

吴金印曾深有感慨地说,“光靠咱一个人啥也弄不成。为群众办事群众支持,没有克服不了的困难”,“干部和群众,是种子和大地的关系。心系群众苗得土,背离群众树断根,离开群众就是死路一条”。50多年来,他始终扎根群众的沃土,从中汲取营养,养成发展的瘾、干事的劲、成功的法,让百姓的日子越过越红火。

吴金印与农民兄弟情同手足

群众路线是党的生命线和根本工作路线,“从群众中来,到群众中去,一切依靠群众、发动群众、为了群众”是我们党的优良传统。毛泽东曾指出:中国共产党人好比演员,人民群众就是舞台;没有人民群众这个舞台,我们什么戏也唱不成。践行党的群众路线,就要在工作上依靠群众,从群众中汲取智慧和力量。习近平总书记在2013年3月17日明确指出:“中国梦归根到底是人民的梦,必须紧紧依靠人民来实现,必须不断为人民造福。”所以坚持群众路线,必须尊重人民的主体地位,尊重人民的首创精神,拜人民为师。党中央提出围绕党的先进性和纯洁性,在全党深入开展以为民务实清廉为主要内容的党的群众路线教育实践活动，着力解决人民群众反映强烈的突出问题，提高做好新形势下群众工作的能力是非常重要、非常及时的。党员干部在各项工作中要坚持问政于民，充分相信和依靠群众，发扬民主，扩大群众的知情权、参与权、评判权和监督权，真正发挥好群众的积极性、主动性和创造性；要坚持问需于民，真诚听取群众的呼声，真情关心群众疾苦，真正帮助群众解决工作生活中存在的困难；要坚持问计于民，尊重群众首创精神，虚心向群众学习，集中群众的智慧和力量来发展我们的各项事业。群众是真正的英雄，群众中蕴藏着无穷的创造力。只有真正地深入实际、深入基层、深入群众，沉下身子，耐住性子，多听意见，才能真正找到发展的思路和办法。

五、联系群众，鱼水情深

忧民之忧者，民亦忧其忧；乐民之乐者，民亦乐其乐。世界上没有无缘无故的爱，也没有无缘无故的恨。中国人民对一个政党的态度，取决于这个政党是为绝大多数人谋利益，还是为少数人谋利益；是扎根于人民群众之中，还是骑在人民头上。党群关系在党的事业中起着十分关键的作用。党群关系是联系则安、脱离则危的安危关系，是联系则存、脱离则亡的存亡关系。

以吴金印为代表的共产党人以他们的模范行为，证明了中国共产党是全心全意为人民服务的党。他们以自己的模范行为编织出了党和群众之间的同心结。

他视群众如父母，群众拿他当亲人。池山大队有个五保户叫杨务新,老两口都60多岁,无儿无女。吴金印到池山蹲点后,每天给他家担水。日子久了,老两口常念叨:“人家吴金印跟咱一不沾亲二不带故,这样照顾咱,咱拿啥报答人家?”有一天,大队给吴金印派饭派到他家,老两口非常高兴,决定做最好的饭招待吴金印。老人家中最值钱的是两只老母鸡,这是他家的小“银行”,吃盐、打油全靠鸡蛋去换。老两口就把那只最肥的母鸡杀了,炖了一上午。晌午,老两口把炖好的鸡和鸡汤用盆子盛了,端到吴金印面前,笑眯眯地说:“吃吧!”吴金印瞧着两位老人充满爱意的目光,不知说啥好了。吴金印对杨务新说:“你们先吃吧,我有点事出去一下。”在屋里左等右等不见吴金印回来,老两口四处寻找,发现吴金印在别人家端着红薯稀饭正吃着。杨大娘哭着说:“你这是咋哩?给你炖的鸡,你为啥不吃?为啥不吃?”吴金印也哭了,说:“你们的心意我领了。可我是干部,不能搞特殊,不能脱离群众啊!”那只鸡他虽然没有吃,但群众的一片深情吴金印却铭记在心里。

吴金印看望群众

吴金印经常说:“水可以没有鱼,但鱼不能没有水。活鱼水中游,死鱼水上漂,干部脱离了群众就是一条死鱼。”咱当干部的,不要成天想着“我要联系群众”,更不能嘴上喊着“我在联系群众”;真正的联系群众,就是根本不把自己当成官,要把自己当成老百姓。正是在这样的思想指导下,吴金印才能做到遇事自觉地替群众着想,跟群众在一起,自然而然地放下身架,与群众融为一体。

吴金印密切联系群众的作风来自于他对党的优良作风的继承和弘扬。他说:“以前的党员干部,上级和下级,特别是和老百姓间的关系,非常密切,处处身体力行,常和老百姓打成一片。”有两个人给他留下了深刻的印象,并深深影响了他。20世纪60年代初,他们县有一位叫李泉来的领导,驻村参加劳动,在村里一住就是一年多,帮助群众解决难题。到20世纪70年代,新乡市委的一位副书记在卫辉一个乡镇蹲点,该乡正在搞农田水利基础建设,这位副书记就和群众一起干。吴金印说,他“像解剖麻雀一样,一个地方一个地方克难攻坚,解决难题,最后推动乡镇的水利建设圆满完成”。吴金印说:“他们和群众在一起,可不是走形式,是真真正正地吃住在一起,下力气干活,不摆架子。”吴金印就是沿着先进人物的足迹一步步成长起来的,无论走到哪里,他都能迅速与群众结合在一起,与群众形成鱼水关系。如果没有浓浓的鱼水深情,就不会有吴金印与老百姓的心心相印,就不会有当地惊人的变化,这样的“活鱼”在百姓心中“游”,真的是鱼水情深,生死与共。

吴金印深知,老百姓有千条万条的心思,但最根本的是三条:有饭吃,有房住,有钱花。一句话,就是过上富裕的生活。因此,吴金印说:“啥叫联系群众?当干部的,把大伙领上致富路,才是最大的联系群众。”

1987年,吴金印来到唐庄乡最穷的东连岩村。村北是一条宽百米、深百尺的大山沟,沟对面是背靠大山只有170户人家的后沟村。村民穷得住在沟岸上的窑洞里。两个村的光棍汉就有上百个。当地流传一首歌谣:“东连岩村连后沟,唱不起大戏耍皮猴,骑不起毛驴骑墙头,坐不起

吴金印带领群众修建的唐庄镇后沟村大桥

板凳坐石头，盖不起房子住山沟，挂不起灯笼挂箩头。”此情此景，令吴金印心酸难过。他想：如果不能让为革命流过血的老区人民过上好日子，我们作为共产党的干部，就是千古罪人。党让咱们掌权负责，就要为群众干点实事。吴金印决定在这里修一座桥。开始，群众对建桥还犹豫，后来见乡党委的决心很大，并无偿拨来了建桥所需的水泥，积极性就调动起来了。很多人捐出檩条和梁作为架杆，从山上车拉肩扛运来条石，男女老少齐上阵，只用了 11 个月，就建成了长 131 米的大桥。后沟村很多户农民买了汽车、拖拉机搞起了运输，全村的人均收入迅速增长，由 1987 年的 400 元，猛增到 1995 年的 2250 元。群众把“穷苦谣”变成了“幸福谣”：“山区变粮仓，丘陵果飘香，天堑变通途，干沟清泉淌，窑洞变楼房，平地起工厂，日子苦变甜，感谢共产党。”

睡得迟，起得早，就是为了群众说党好。吴金印经常对干部们说：“世界上没有无缘无故的爱。想叫群众真心拥护咱共产党，就得实实在在为老百姓办好事；不然的话，人家为啥要死心塌地跟着咱啊？共产党不是一个抽象的概念。在基层,老百姓就是从咱们的举动中去认识共产党的宗旨。咱们为群众办好事,就是维护党的形象。”人民群众是从每个党员的行为上来认识党、评价党的。所以,我们的党员干部就应该积极工作,为群众谋利益,从而获得群众的支持。巩固党执政的群众基础不是说出来的,要靠每个党员、每个干部的具体行动来争取群众、争取人心。革命时期是这样,建设时期是这样,改革开放时期更是这样。

吴金印在工地与群众同吃同住

为了使密切联系群众落到实处,不成为一句空话,吴金印进行了制度方面的探索。能否凝聚民心,关键在党组织。因此要加强乡党委和村支部建设。只有形成坚强的领导核心,才能促进中心工作,进而才能凝聚人心。为了加强干部作风建设,密切党群干群关系,吴金印曾与党委成员约法三章,要求班子成员带头与群众做到“四同”:同吃,即上级干部住村不准单独起火,一律到群众家吃派饭,不准喝酒;同住,即住村干部不准住村委会,必须住军烈属、五保户或困难户家里;同劳动,即每个乡干部自备一套劳动工具,每月劳动不得少于10天,主要是帮助所在住户家劳动;有事同群众商量,即村里的重大决策要与村干部一起和群众商量。为保障制度落到实处,还制定了具体落实措施。乡党委逢单月定期下村里向群众征求对干部的意见,逢双月听取村干部对住村干部工作情况的汇报,年终对住村干部进行“四同”考评。在干部选拔方面,吴金印也提出了三条标准:一要没有私心,二要愿意为群众办事,三要会为群众办事。

吴金印与干部群众同劳动，在工地受伤

人心向背关系党的生死存亡。赢得人心，我们党才能无往不胜；得到人民支持，我们党就能克服任何困难。始终把人民放在心中，永远与人民同呼吸共命运，我们党就能永葆生机，中国特色社会主义道路就会越走越宽广。吴金印一心为民、情系群众的高尚情怀为广大党员干部树立了学习的标杆。以吴金印为镜，就要像他一样，视人民如父母、待群众如家人，赤胆忠心，为民奉献，始终保持与群众的鱼水关系和血肉联系。

第三章　求真务实的吴金印

理论导读

“实干兴邦,空谈误国。”脚踏实地、求真务实是事业成功的关键。全党同志要大力弘扬求真务实精神,大兴求真务实之风。求真务实是辩证唯物主义和历史唯物主义一以贯之的科学精神,是我们党的思想路线的核心内容,也是党的优良传统和共产党人应该具备的政治本色。我们党 90 多年的历程说明,求真务实是党的活力之所在,也是党和人民的事业兴旺发达的关键所在。当前,总体来看,广大党员干部在坚持求真务实方面做得是好的。但也必须看到,在一部分党员干部中确实存在一些亟待解决的突出问题。其主要表现是:有的作风漂浮、工作不实;有的好大喜功、急功近利;有的弄虚作假、欺上瞒下;有的贪图享受、奢侈浪费;如此等等。这些现象,违背了党求真务实的科学精神,与党的性质、宗旨和优良传统是格格不入的。

“求真务实”,就必须勇于追求真理。追求真理,就是透过现象把握本质的认识过程。人们对事物的认识有先有后，人们观察问题的角度千差万别，这就决定了坚持求真务实有时会得罪上级、得罪同事、得罪下级，因而需要巨大的勇气和毅力，甚至付出一定的代价。“求真务实”，就必须坚决克服形式主义，严肃查处那些热衷于搞形式主义的领导干部，让形式主义无立足之地。“求真务实”，就必须创建科学的选人用人机制，建立一套有效的选人用人机制，把那些默默无闻干工作、兢兢业业做事情，实打实、硬碰硬地抓落实的干部用起来，决不让老实人吃亏，决不让投机钻营者得利。“求真务实”，就必须领导干部带头，每一名领导干部都必须牢固树立和长期坚持求真务实的优良作风，把求真务实贯穿于自己的思想、学习、工作全过程，自觉做坚持求真务实的表率。

求真务实，是吴金印成功的秘诀。他是求真务实精神的实践者、弘扬者，在他身上闪耀着求真务实精神的光辉。吴金印在工作中兢兢业业，真抓实干，以自己求真务实的踏实作风，赢得了人民群众的赞誉，同时也为广大干部树立了一个求真务实的榜样，引导广大干部更好地发扬求真务实之风。

弘扬求真务实之风，就必须坚持重实际、鼓实劲、求实效，不图虚名，不务虚功，扎扎实实地把党和国家的各项工作落到实处；要走出办公室，到生产一线去，到群众中去，充分了解社情民意，多进行调查研究，掌握第一手资料，做到决策的科学化、民主化；要勤奋工作，埋头苦干，坚持不懈地带领群众艰苦创业，扎实推进经济社会健康、稳定、可持续发展。

吴金印如是说

苦熬没有头，苦干有奔头。

社会主义等不来，靠不来，天上不会掉下来，只能凭我们的双手干出来。

基层的事儿，涉及群众的事儿，桩桩件件很具体，要想一一解决，只有一切为了群众，一切想着群众的利益，才能办好。

一、深入一线，调查研究

“求真”必须讲究科学、正确认识和把握事物的规律性，“务实”必须实干，在把握事物发展变化内在规律的基础上搞好工作。“求真”是“务实”的前提和基础。“求真”就要深入实际调查研究，从复杂的事物中找出事物发展的规律。毛泽东同志指出：“没有调查就没有发言权。”江泽民同志进一步指出：“没有调查更没有决策权。”

调查研究是成事之基、谋事之道。吴金印深知调查研究的重要性，所以他一贯重视深入调查研究，掌握工作的主动权，从而带领群众取得了辉煌成就。吴金印成功的关键在于勤于调查研究、善于调查研究。吴金印每到一地，所做的第一件事情便是深入进行调查研究。

1968年春，吴金印调任原汲县狮豹头公社党委书记。为了改变狮豹头的贫穷面貌，他带领班子成员翻山越岭作调查，饿了吃块干粮，渴了喝口凉水，一天翻五六座山，七八天穿烂一双鞋。沟沟岭岭他跑了个遍。于是，一个科学的发展思路产生了。这就是：向荒山要耕地，向秃岭要粮食。挖山造田，闸沟造地。

1987年,在雪压高峰、寒凝平川的季节,吴金印出任唐庄乡党委书记,挑起了治理这个闻名太行山南麓的穷窝子的重担。他到任后首先进行的就是调查研究。一连几个月,他带领干部一个村一个村地了解情况,一块地一块地察看。经过实地考察和组织有关人员进行科学论证,根据唐庄乡西有山区,东有平原,北有丘陵,南有洼地的地形特点,吴金印与乡党委最后提出了唐庄乡发展的新思路,这就是:西抓石头东抓菜,北抓林果南抓粮,乡镇企业挑大梁,沿着国道做文章。"西抓石头"是指西部山区石头多,在西部山区开办石材开采和石灰窑厂;"东抓菜"是指东部离城区近,交通方便,人多地少,水利条件好,种蔬菜有市场条件;"北抓林果"是指北边是丘陵地区,水利条件不好,因此种不怕旱的果树,可保证丰收;"南抓粮"是指南部土地肥沃,适宜种粮。

思路决定之后,就努力变为实践。唐庄乡出动万名劳力在丘陵荒坡上挖坑种树,20天时间,栽种山楂、桃、苹果树苗12000亩,并且都是国内外最佳品种。第4年,各种果实已经挂满枝头。全乡1万多亩果园,每个果园都是一个"绿色银行"。闸沟造田2000亩,扩大粮食种植面积,建成国家万亩高产综合技术开发试验区。大力发展乡镇企业,1987—1995年,先后创办管件厂、电工厂、电磁线厂、水泥厂等乡办企业、村办企业达到60多个,产值达4.5亿元,利税2000万元。

思路一开天地宽。吴金印的求真务实精神不但在狮豹头公社开花结果,在唐庄乡也落地生根。唐庄乡1995年实现社会总产值6.87亿元,人均收入2337元,名列卫辉市第一,提前一年实现小康乡目标,并被评为"明星乡镇"。

深入实际,深入基层,体察民情,了解民意,从群众中找出了治理荒山秃岭的办法。从群众中来，到群众中去，谱写了一曲曲共产党人忠实代表人民利益的动人诗篇。针对干部中存在的脱离实际、脱离群众、形式主义等作风问题，他强调：要走出办公室，到下边去，要眼睛向下，面向基层，面向生产。

调查研究是为决策提供依据，只有通过调查研究掌握实际情况，才会有明确的决策目标，才会做出正确的决策。如果不了解实际情况，凭老经验、想当然、拍脑袋，把自己的主观意愿当作客观实际，就不可能做出正确的决策。调查研究必然是一个渐进的过程，不可能在简单的一问一答、一查一看之中就认识到了事物的本质，必须经过调查、研究，再调查、再研究，多次反复、多次验证、多次修正，才能够一步一步地接近事物的本质。所以，每位领导干部都要发扬吴金印不怕艰苦的调查研究精神。调查研究不但要“身入”，而且要“心入”。调查研究不能仅靠听听汇报、看看材料，必须放下架子，轻车简从，深入生活，紧贴实际。要当群众的小学生，了解他们的呼声，集中他们的智慧，总结他们的经验。凡是真心实意为人民群众谋幸福的党员干部，就必须求真务实，一心一意地搞好调查研究，认真而审慎地探索发展思路，看准的事就脚踏实地去干，不达目的决不罢休，真正做到为官一任，造福一方。

二、战天斗地，艰苦奋斗

求真务实离不开艰苦奋斗的精神。吴金印常说：“社会主义等不来，靠不来，天上不会掉下来，只能凭我们的双手干出来。”

吴金印在狮豹头公社工作期间，当地百姓告诉他，由于没有土地，解放快20年了,老百姓还过着苦日子。吴金印暗下决心:“拼上一条命,也要为山区群众造出田地来!”

吴金印带着班子成员翻山越岭,经过实地调研,他们决定把山石缝里的土挖出来造梯田。干部群众齐上阵,挖土造田,一冬一春苦干下来,造出200多亩梯田。可是到了来年夏季,山洪将新造的拦河坝全部冲毁。吴金印没有气馁,没有被困难吓倒,经过总结经验,他们将平面坝改成拱形坝,又造出200多亩梯田,还种上了庄稼。

吴金印这样做

初到狮豹头公社,吴金印带着班子成员翻山越岭,山沟、荒岭爬了个遍,“七八天跑烂一双鞋”。经过实地调研,他们决定把山石缝里的土挖出来造梯田。

为打通羊湾洞,吴金印第一个抡起大锤,打钎凿洞。别人一个班日掘进八尺,吴金印带领的一个班日掘进一丈二。由于过度劳累,吴金印昏倒在工地上。吴金印整整昏迷了两天两夜,苏醒后,他感觉自己快不行了,于是就交代身旁的人说:“万一我不行了,就把我埋在洞顶的山上,死了也要看着你们把沧河治好……”

唐庄镇建水泥厂时,群众每人10个义务工,干部每人12个义务工,吴金印和其他干部一样是12个义务工。寒冬腊月,52岁的吴金印和大家一样每天迎着刺骨的寒风,拉着平板车,往返20多里到山里拉石子。

谁料,第二年汛期,接连数场暴雨,再一次冲走了满沟的庄稼和良田,所有心血再次付诸东流,有的人失声痛哭。作为群众的主心骨,吴金印觉得越是困难的时候,越要经受住考验。他强忍悲痛,勉励大家说:“苦熬没有头,苦干有奔头,挺起腰杆与山斗、与水斗。”总结前两次的经验,这次大家把拱形坝改为塔形坝,每道坝下修一个跌水池,起缓冲洪水的作用。洪水从水池底部暗渠流出，避免冲击梯田。经过艰苦的拼搏，200多亩梯田在被毁两次之后终于经受住洪水的考验，荒山结出了金灿灿的果实。尝到甜头的吴金印，乘势而进，想出圈洞造田、闸沟造田等多种方法。在狮豹头公社的15年间，吴金印带领干部群众造地2400多亩。

在山岭沟地造地成功之后，吴金印又产生了新的大胆计划，向沧河要田。打通羊湾洞，取直沧河，就可以让出大量河滩，造出600亩良田。工程开工后，吴金印身先士卒，带领几百名施工队员开始了艰苦卓绝的斗争。吴金印第一个抡起大锤，打钎凿洞。别人一个班日掘进八尺，吴金印带领的一个班日掘进一丈二。经过1年多苦战，羊湾洞打通了。在进行洞口收尾时，突然下起了暴雨，河水猛涨。如不抓紧施工，刚砌好的圈胎就会被冲毁。在这紧急时刻，吴金印冒着生命危险察看河水水位。随后，他又带头背走掉落在洞口的石头，以免塌方。大家看吴金印拼上了，也都跟着冲了上去。连续作战，辛苦了两天两夜，由于过度劳累，吴金印昏倒在工地上。大家连忙把他抬出山洞，送进工棚，却发现他穿的衣服大大小小补了30多块补丁，脚上的打掌鞋烂得像开花馒头，手上结满老茧，虎口处结着血痂。看到这些，大家都难过地流下了眼泪。吴金印整整昏迷了两天两夜，苏醒后，因病痛的折磨，他感觉自己快不行了，于是就交代身旁的人说："万一我不行了，就把我埋在洞顶的山上，死了也要看着你们把沧河治好……"人们听到吴金印交代后事，工棚内外一片哭声。脱离危险后，病情刚刚好转，他又瞒着医生，拉上架子车，带着300多人往返25公里到水泥厂去拉水泥。这就是为了改变山区人民穷困面貌而不惜拼上性命大干的吴金印。

唐庄镇建水泥厂时，吴金印向干部群众发出号召：“全乡动员，全民动手，继续发扬艰苦奋斗精神，用唐庄人的手，干唐庄人的事业。”他提出开展义务劳动，完成水泥厂的基建任务。群众每人10个义务工，干部每人12个义务工，吴金印和其他干部一样是12个义务工。寒冬腊月，滴水成冰，吴金印已经52岁，和大家一样每天迎着刺骨的寒风，拉着平板车，往返20多里到山里拉石子。途中，群众看着吴金印累得气喘吁吁，心疼他，就说：“吴书记，你歇歇，俺多拉一汽车，就把你的任务完成了。”吴金印说：“那怎么行，当干部的就是要带头，我们搞义务劳动，不仅仅是为省几个钱，更重要的是让大家永远不要忘记艰苦奋斗的光荣传统。”在吴金印的榜样作用下，干部群众共出义务工1.1万个，运石子4000多方，仅此一项就节省资金200万元，并提前完成了基建任务。

吴金印在劳动中身先士卒，以身作则

吴金印是艰苦创业的典型。他带领唐庄人用“蚂蚁啃骨头”的精神，绿化了唐公山，带领群众挖出400万个鱼鳞坑。如果测算一下，一个鱼鳞坑最少要花1000块钱，即使上级支持，400万个，多少钱？40个亿。上级不可能给40个亿。这是唐庄老百姓干出来的。老百姓怎么建鱼鳞坑？把绳子绑在身上，炸山、垒石、挑土，放一担水，再栽树。吴金印带领唐庄人民谱写了一曲曲艰苦奋斗的壮歌。

吴金印带领群众在荒山上建造的鱼鳞坑，如今树木郁郁葱葱

为人民群众做出贡献的成功者，都具有对社会的崇高责任感，都有为自己的事业而不惜牺牲的艰苦奋斗精神，都有坚忍不拔的毅力。吴金印就属于这样的强者，强者最富于拼搏进取的性格，奋进的道路上，只有那些不畏风吹浪打、坚忍不拔的进取者，才能领略战斗的磅礴气势，看到前途壮丽的风光。巴尔扎克有一句名言："苦难对于天才是垫脚石……对于能干的人是一笔财富，对于弱者是万丈深渊。"

艰苦奋斗是中华民族的传统美德，是我们党的优良传统和作风，是马克思主义政党的政治本色，是凝聚党心民心，激励全党和全体人民为实现国家富强、民族振兴共同奋斗的强大精神力量。历览前贤国与家，成由勤俭败由奢。艰苦奋斗精神不可或缺，我们必须在新形势下大力弘扬艰苦奋斗精神。弘扬艰苦奋斗精神，领导带头是关键。我们必须坚持勤俭节约、艰苦奋斗，牢固树立过紧日子的思想，切实把有限的资金和资源用在最需要、最有效的地方，把精力集中在带领群众艰苦创业、推动发展上。当前，弘扬艰苦奋斗精神，领导干部一定要以身作则，率先垂范，一级带着一级干，一级做给一级看。要用吴金印这面镜子照一照自己，查找问题和差距，着力解决问题，切实反对享乐主义和奢靡之风，实现自我净化、自我完善、自我革新、自我提高。弘扬艰苦奋斗精神，领导干部必须自觉加强党性修养，切实增强公仆意识，破除特权思想，与广大群众同甘共苦。在衣、食、住、行等生活待遇方面严格按标准执行，自觉用共产党员的标准严格要求自己，保持高尚的思想道德和健康的生活情趣，讲奉献不求索取，讲艰苦不图安逸，讲奋斗不计名利。各级领导干部要牢记“两个务必”，带头弘扬艰苦奋斗精神，带头反对享乐主义和奢靡之风，自觉抵制腐朽思想侵蚀，经受住权力、金钱、美色的考验，始终保持共产党人的蓬勃朝气、昂扬锐气、浩然正气。

三、着眼长远，立足实干

真理是朴素的，追求真理的道路是艰辛的。吴金印身上体现了为追求真理、坚持真理而无私无畏、大公无私的精神，永远是共产党人学习的楷模。参加工作之初，他就立誓：“要让群众有饭吃、有衣穿、有房子住，让他们过上好日子。”为了这誓言，50 多年他痴心不改；为了这誓言，50 多年他坚持不懈。

吴金印认准了的事，干一件成一件，他调到哪里，哪里就能改变一穷二白的面貌。人们称赞他：“干一处，响一处。走一路，富一路。”他成功的秘诀何在？就在于他的实干。

“实干兴邦，空谈误国。”马克思也曾经说过，一打纲领不如一个实际行动。不抓落实，再好的路线方针政策也只能是空中楼阁。“务实”必须实干，在把握事物发展变化内在规律的基础上，埋头苦干，狠抓落实，保证奋斗目标变为现实。

吴金印立大志、创大业、干大事，他总是着眼长远，为了长远的发展，从不做急功近利的事。他说实话、办实事、出实招、求实效，紧密结合本地实际，创造性地开展工作，为官一任，造福一方。他从不做为了赢得上级好感，为了赢得“政绩”的形象工程、面子工程。

吴金印认为领导干部只有深入第一线，深入群众，情况才能摸得准、吃得透，决策才能正确；只有和群众干在一起，身先士卒，才能指挥灵便，心里才踏实；只有带头实干，才能带动群众一起大干。所以，多年来他始终工作在第一线，靠前指挥，与群众一起在工地上苦干实干，有几次劳累过度昏倒在工地上。吴金印在狮豹头山区工作15年，有7年多住在群众家里，有7年多住在治水工地上的茅庵里，到平原乡镇工作后，年年有工程，依旧岁岁住茅庵，至今，人们仍亲切地称他为“茅庵书记”。

吴金印带领群众闸沟造田绿化荒山

对于住茅庵，有人有不同的看法，吴金印也有自己的理解。一件事情是不是作秀，老百姓看得最清楚，做事者自己心中更清楚。1995年前后，唐庄镇为了提高农民收入，要建100多座日光温室大棚，建设高效农业蔬菜园区。镇里提供建筑材料，村民义务劳动，要求每个镇领导干部负责一个组，大家吃住在工地。为此，围着100多吨钢筋用玉米秆搭了许多草庵。有人背后说闲话：“这年头了谁还在工地上住茅草庵？离家七八里地，来回也不算远。这是老典型作秀吧？”镇长韩立平去问吴金印，吴金印说：“是不是作秀咱心里最清楚，咱不做出行动咋调动群众干？再说，100多吨钢筋堆着，夜里谁顺手拿走几根谁知道？这一圈都住着干部，鼓舞士气，也能看好材料。”从9月份住到天冷下霜，场地空了全镇干部才撤。大棚建好后承包给各村群众，为致富发挥了大作用。干部走正路，直接效果是赢得群众的信任。

如今吴金印出名了，地位变了，但求真务实的作风没有变。除了参加社会事务，他每天都下基层，跑热点，蹲难点，住农户，“走后留脚印，蹲下见窝窝”。修路架桥时，他裤腿一挽和年轻人一样比着干；建蔬菜温室大棚、搬砖掂泥开沟造田时，他和民工一同吃住在工地……

吴金印和大家一起干

为政之要，贵在躬行，重在实干。发展机遇只有在实干中才能把握，发展难题只有在实干中才能破解，发展愿景只有在实干中才能实现。务实凝聚人心，重干激发活力，领导干部要把务实作为一种态度，一种精神，一种能力，大力弘扬务实重干的作风。

真抓实做的天敌是形式主义。形式主义空耗资源，折损公信力。不办实事，老百姓的信任感就会降低。老百姓看干部就看实在不实在，老百姓就怕不干实事。然而，现实生活中作风漂浮、哗众取宠、搞形式主义的干部却不在少数，热衷于造“典型”、搞“盆景”，玩注水浮夸的“政治统计学”，甚至弄虚作假，搞上有政策下有对策。你要求搞绿化，他就在荒山上刷绿漆；你要求节能减排，他就来个突击拉闸限电；你要求杜绝高规格接待，他就用矿泉水瓶装茅台……这些现象不仅会败坏党风政风，更会贻误事业发展、损害群众利益。为什么作风漂浮、哗众取宠的干部禁而难绝？为什么形式主义像韭菜一样割了一茬又长一茬？原因就在于，一些干部缺乏实事求是的精神和求真务实的作风。因此，必须建立科学评价机制，畅通群众参与渠道，才能撕破形式主义的面具，真正让作风漂浮的干部原形毕露、受到贬责。

求真务实关键要做到落实。没有落实，再好的规划也只是空中楼阁；没有落实，再好的思路也只是纸上谈兵；没有落实，再好的会议精神也只是画饼充饥。古人云：“道虽迩，不行不至；事虽小，不为不成。”事实证明，决策的成效如何，目标是否能够实现，取决于推动落实的程度。我们要把一切工作的着力点放在抓落实、求实效上，绝不能把已经确定的指导思想、工作思路、奋斗目标仅仅写在文件里、喊在口头上，要在“干”字上做文章，在“实”字上下功夫，大兴落实之风、求实效之风，恪尽落实之责，务求落实之效，真正扑下身来，把工作搞上去。要埋头苦干，当实干家，不要当只说不做的“说家”，不能只讲在会上、说在嘴上、写在纸上，更重要的是落实到行动上，落实到每一个工作环节、每一个案件、每一件实事上。古人说：“天下之事，必作于细。”不拒细小，是成就大事的重要基石。求真务实必须从小事做起。“群众利益无小事”，我们的干部必须认真做好每一件关系群众利益的事情，把每一件简单的事做好了就是不简单,把平凡的事做好了就是不平凡。"不积跬步无以至千里,不积小流无以成江海。"不拒细小,是成就大业的重要基石。全面建设小康社会宏伟目标的实现,必须从一点一滴的小事做起,从身边事做起,求真务实,真抓实干。我们要以滴水穿石的毅力,以踏石留印、抓铁有痕的狠劲,崇尚实干,以发展成效检验落实成效,以落实成效促进跨越发展。

四、爱岗敬业,精益求精

"业精于勤荒于嬉,行成于思毁于随。"爱岗敬业、恪尽职守、精益求精,是务实精神的具体体现。爱岗精业、恪尽职守、精益求精,是事业成功的前提和基础。有了这种精神,就没有克服不了的困难,也没有实现不了的目标。吴金印之所以干出非凡的业绩,关键在于他爱岗精业,对工作极端负责,对人民极端热忱;关键在于他将求真务实的精神落实到了平凡的工作之中。

吴金印是干一行、爱一行、钻一行的典型。吴金印 17 岁初中刚毕业就被党支部和队委会任命为大队会计。不会打算盘,他就买了一本珠算书,对着书一个珠子一个珠子地拨打练习。白天没时间,就晚上练,夜深人静时总能从他家传来清脆的算盘声。不会做账,就向行家学习。他步行到乡里向财政所的会计学习,一笔一笔收支账目学得格外认真。由于刻苦认真、勤学苦练,一个月后,吴金印不但打算盘得心应手了,而且账目也记得井井有条,分毫不差。他还在党支部的支持下,经集体讨论,制定出台了严格的财务审批制度,实行账务公开,接受群众监督。当年年底,董庄大队向乡领导和财政所报送账本、报表,吴金印受到表扬:"这个小会计，中!”从参加工作起，吴金印就有一种争创一流、认真钻研、精益求精的精神。

吴金印为了加快社会主义新农村建设，带领全镇人民开始了绿化荒山治理山地的战斗。他身先士卒，以身作则，大冬天还住在茅庵里。2010年12月的一天夜晚，干了一天活的吴金印突然感到下腹疼痛，便血。但他没有声张，以外出开会为名去医院做了检查，结果发现患有肾结石，急性肾炎，需要马上手术。为了不影响工程进度，他没有透露病情，而是不动声色地把镇领导班子成员召集在一起，对工作作出安排：“我到北京跑招商的事，你们在家把工作安排好。”当天，他离开唐庄镇，次日凌晨2点乘火车赶到北京，以最快的速度在北京医科大学附属医院接受手术，只有他的妹妹和儿子陪他做了肾摘除手术。伤口刚愈合他就出了院，出院后的第一天，他就忍着伤痛出现在荒山治理的工地上。吴金印对工作就是如此投入，如此忘我，全身心地投入到为人民服务的事业之中。这充分体现了吴金印的敬业精神，以及对工作一丝不苟、精益求精、孜孜不倦的追求。他把工作看得比生命都重要，坚持党的事业第一，工作第一。这是一个共产党员的铮铮誓言！正是这份敬业，正是这份执着，才最终成就了吴金印的不平凡。

敬业是一种崇高的精神境界，体现了一种孜孜以求、锲而不舍、乐而忘忧的认识气质。精业则是对工作力求尽善尽美的精神和实际能力。领导干部光有一腔工作热情不行，还必须精通业务，具备完成工作任务的实际本领，干部的专业化要求正缘于此。作为领导干部就应该像吴金印那样敬业精业，努力完成党和人民交付的各项任务，创造出经得起人民和历史检验的业绩。

五、为政之要，重在利民

落实科学的发展观必须树立正确的政绩观。什么是政绩观？就是干部对如何履行职责去追求何种政绩的根本认识和态度，对干部如何从政、如何施政具有十分重要的导向作用。它包括干部的政绩为谁、树立什么样的政绩和怎样树立政绩的认识。共产党人的政绩就是要实现最广大人民的根本利益，实现政绩的根本途径存在于为人民谋利益的实践之中。

群众为吴金印刻的石碑

“政声人去后，民意闲谈时。”一个人是否有政绩，政绩之大小，关键看老百姓如何评价。不事声张，埋头干事，是一种涵养，是一种境界，为百姓出以公心地做工作，扎扎实实地干事情，不在乎别人说些什么，相信群众会有一个公道的评价。吴金印的政绩书写在大地上，书写在山水之间，书写在人民群众的内心深处。谈起吴金印的功绩，至今他工作过的地方的老百姓仍然心潮难平，感念不已。

狮豹头是当代“太行公仆”吴金印带领山区人民改造山河的地方。他几十年如一日，带领群众艰苦创业，政绩卓著；他视群众为父母，为百姓办好事，多次放弃提拔的机会，坚持扎根农村，率领群众治山治水，脱贫致富。当地群众极其爱戴和拥护吴金印，自发集资先后为他立了 4 座碑，但先后被吴金印撤掉，无奈，农民们只好把颂扬吴金印的碑文深深地刻在太行山的峭壁上！

唐庄镇有一座荒山叫西山，吴金印带领全镇干部群众把它变成了“花果山”。护林员李庆一和几个老伙计趁吴金印不在家，把“吴公山”几个字刻在了西山上，用以感谢吴金印的功劳。吴金印知道后非常生气，说：“我的脸都红了。这山变这样，是全镇人民的功劳，如果说是吴公山，我就成了大‘贪污犯’了，把全镇人民的功劳都划我名下了。应该叫唐公山，是咱唐庄人民干出来的。”最后，在吴金印的要求下，西山被命名为唐公山。

吴金印说：“筑坝造田，治山治水，是大家干的，这成绩应归功于党，归功于群众。”吴金印把一切成绩都看成是党和人民的功劳。

学习吴金印，就要像吴金印那样树立正确的政绩观，追求经得起历史和人民检验的政绩。要把群众的眼前利益和长远利益结合起来，既要干眼前群众迫切需要解决的问题，又要树立长远发展的思想，多干立足当代惠及长远的可持续工程。要把对上级负责与对人民群众负责统一起来，坚决不做形象工程、面子过程、政绩工程，真正做到为官一任，造福一方。要以人民满意作为检验工作的标准，多干人民满意的好事实事，要敢于开拓、敢于担当。

六、正确用人，导向引领

2014年5月9日，习近平总书记在和河南的村镇干部座谈时指出：“火车跑得快，全靠车头带，选好班子和带头人很重要。”吴金印在长期的基层工作实践中,也深刻认识到用人导向的重要性。要有效促进工作,就必须有正确的用人导向。为了有效促进唐庄乡的产业结构调整,吴金印选择人均只有三分地的代庄村做试验。他在那里带领大家建了塑料大棚,种了三分地的黄瓜,两茬卖了3000多元。但是,村支书墨守成规,不思进取,一直不能跟进并引导群众种植蔬菜。乡里多次做工作,也不见效果。吴金印非常焦急,担心错失机遇。他在召开乡党委会时提出:“光说不干,就没有资格当干部。”经研究决定,乡党委免去了原支部书记的职务,任命有开拓精神的党员李呈标担任支部书记。代庄村党支部书记的一免一任,引起很大震动,在全乡引起很大反响,乡、村干部各尽其职,真抓实干的多了,再没人敢敷衍塞责、应付了事了。

“村看村,户看户,群众看党员,党员看支部。”加强基层党组织建设,发挥党支部的战斗堡垒作用,是做好农村基层工作的基础。吴金印多年来十分重视基层党组织建设,他认为,不仅要给钱给物,更要建一个好支部,选一个好书记。1987年,吴金印初到唐庄乡时,该乡不少行政村的干部坐不到一条凳子上,开不成会,形不成决议;有的村干部家的房屋被毁坏,家畜被药死,庄稼被拔掉;有的村电线被剪断,喇叭被偷走。31个行政村有7个村的支书或村委会主任撂挑子。经过认真细致的调查,吴金印得出结论:几乎所有穷村乱村的症结所在都在于班子不健全,缺少领头雁。为此,吴金印提出了建设过硬领导班子的工作思路:“支持干的,批评看的,处理捣蛋的。”

姚庄村是其中最乱的村子之一,吴金印把这个村的13名党员全部接到乡里,和他们一块儿学习党章,学习党在新时期的路线、方针、政策。在学习中,吴金印教育大家:“混乱只能使群众受苦,大家遭殃。”通过学习，大家的觉悟得到了提高，认识得到了统一。在新的基础上，选出了新的党支部。新的领导班子在吴金印的大力支持下，带领群众修了环村路，打井修渠，建学校，挖鱼塘，建鸡场，全村出现了蓬勃向上的新气象。

吴金印通过用人促进工作的经验提醒我们，要有力促进我们的伟大事业，就必须形成科学的用人机制。“用一贤人，则贤人毕进；用一小人，则小人齐趋。”只有让埋头苦干、真抓实干的干部真正得到重用、充分施展才华，才能让出真招、办实事的干部脱颖而出，进而让唯实务实的风气蔚然成风。2014年5月9日，习近平总书记在指导兰考县委常委班子专题民主生活会时强调：“让埋头苦干、真抓实干的干部真正得到重用、充分施展才华，让作风漂浮、哗众取宠的干部无以表功、受到贬责。”在一立一破、一赏一罚之间，点明了干部选拔的真谛，指出了改进作风的命脉。我们要落实总书记的要求，进一步健全干部考核和评价机制，决不让老实人吃亏，不让投机钻营者得利。旗帜鲜明地褒奖和提拔埋头苦干、狠抓落实者，教育和调整那些只尚空谈、不干实事者，惩罚弄虚作假者，努力营造崇尚实干、勇于奉献的良好氛围。给埋头苦干的干部更多空间，给真抓实干的人才更大舞台，“谋事要实、创业要实、做人要实”的风气才能逐渐形成，求真务实之风才能在广大党员干部身上扎根，求真务实才能成为广大党员干部的自觉行为。今天，在全面深化改革的深水区、社会转型的关键期，唯有依靠这种实干的精神，我们才能爬坡过坎、闯关夺隘，把中国梦写满神州大地。

让我们以吴金印为镜，向吴金印学习，大力弘扬求真务实精神，大兴求真务实之风，脚踏实地，埋头苦干，用勤劳的双手，去迎接东方灿烂的日出！

第四章 开拓创新的吴金印

理论导读

“世界潮流，浩浩荡荡；顺之则昌，逆之则亡。”世界多极化、经济全球化在曲折中发展，科学技术突飞猛进，各种思潮相互激荡，综合国力竞争日趋激烈。国内改革进入全面攻坚阶段，深层次矛盾和问题不断出现。世界在变化，事业在前进，实践在发展，时代向我们发出呼唤：与时俱进，开拓创新。

中央号召全党发扬以改革创新为核心的时代精神，就是要求全党发扬创新精神，保持党的生机和活力，提高党的执政能力。江泽民指出：“创新是一个民族进步的灵魂，是一个国家兴旺发达的不竭动力，也是一个政党永葆生机的源泉。”

创新犹如江河，汹涌澎湃，给人以力量；创新犹如火炬，光彩照人，示人以前行。

旭日东升,霞光万道。太阳每天都是新的。我们的先人在3000多年前就提出了这样一句话:“苟日新,日日新,又日新。”中华民族和其他民族一样从远古到今天,始终没有停止创新的步伐。

发扬开拓创新的进取精神,需要有足够的热情和勇气。创新就意味着需要不断地探索和突破,一般来说,需要冒一定风险,甚至付出代价。正如邓小平同志所说:“没有一点闯的精神,没有一点‘冒’的精神,没有一股气呀、劲呀,就走不出一条好路,走不出一条新路。”培育开拓创新的进取精神,对于党员干部而言,是党性原则、价值追求的具体体现,就是要把党和人民的利益放在至高无上的位置,始终保持蓬勃朝气、昂扬锐气、浩然正气,对职责范围内的事情,要全力以赴,不能有丝毫懈怠;遇到矛盾和问题,要迎难而上,不能有丝毫退缩;在重大突发事件面前,要挺身而出,不能有丝毫逃避;出现问题和失误,要勇于承担责任,敢于担当,不能有丝毫推诿。

实践没有止境,创新也没有止境。

创新不是毫无根据的空想和蛮干,而是冒险精神和科学精神的完美结合。开拓创新,领导干部必须具备良好的素质和实际工作能力。党员干部不仅要想创新、敢创新,还要懂创新、会创新。

勇于开拓创新是吴金印精神的关键。几十年来,无论形势、任务发生怎样的变化,吴金印始终做到了解放思想,与时俱进。在长期的工作实践中,他勇于创新,积极进取,敢为天下先。为了解决山区群众吃水难的问题,他发明了檐下接水,旱井雨季蓄水,水库水池存水、引水等办法;为了解决吃饭问题,他创造了闸沟造田、券洞造田、裁弯造田等造田方法;在社会主义市场经济条件下,他带领群众,大力发展“石子经济”“马路经济”“林果经济”等。学习吴金印，就要在全面深化改革的过程中解放思想、大胆创新、勇于开拓，以更大的勇气和智慧全面深化改革。

一、勇于探索，敢为人先

坚持实践第一，勇于探索，创造性地开展工作是吴金印改革创新精神的生动体现。正是由于具有开拓创新、敢为人先的精神，吴金印才创造出一片新天地来。

狮豹头到处荒山秃岭，吴金印提出要绿化荒山，但有的群众说，这里的山树种不活。到底能不能成活，吴金印决定亲自做试验。1976 年大年三十，大家都放假过年了，吴金印利用这个空闲时间带着通信员孟双喜，扛着树苗带着工具就上了山。他们到了当地的最高峰跑马岭，如果树能在这里成活，在别的地方就不成问题。树苗栽完，天就黑了。他们就在又高又陡的跑马岭的山洞里冻了一夜，大年初一才下山。等到春天，吴金印在跑马岭种的树苗成活了，一片翠绿，充满生机。事实教育了群众，使大家对绿化荒山充满了信心，于是在石炮台掀起了植树造林的高潮。

20 世纪 70 年代，当时在经济上还是坚持以农业为主导。但是吴金印却在做着深山里的工业梦。狮豹头公社前卧龙大队有一位工程师杨务运，在石家庄机械制造厂工作，因家庭成分不好，整天挨批斗，只好回到老家躲了起来。吴金印得知消息后，就找到杨务运，动员他帮助公社办企业。杨务运当即答应，表示：“狮豹头是我的家乡，我愿意为狮豹头出力流汗。”两人经过一夜畅谈，理清了思路，一致认为，当时农业是主流，而农业的根本出路在于机械化，和农业相关的机械制造销路应该很好。于是，他们决定建一个机械厂，生产玉米脱粒机、铡草机……为了加强技术力量，吴金印又历尽艰辛，从东北、河北等地请来了几位技术员。经过拼命工作，机械厂很快建成了，生产出了玉米脱粒机、铡草机等农业机械，不但满足了本公社农业生产的需要，还畅销外地，发展势头很好，有力地促进了农业机械化的发展。机械厂还开发出暖气片、油压锯床、电焊机等新产品。暖气片远销郑州、武汉、沈阳、长春、哈尔滨等地，仅此一项，年产值达 60 多万元。油压锯床远销武汉、上海、天津及东北三省，年产值 50 多万元。这在狮豹头历史上是第一次，从此，狮豹头公社结束了没有工业的历史。

1983 年 5 月，吴金印被调到县五四农场担任党支部书记兼场长。当时农场的发展困难重重，形势严峻。在农场职工中流传着一段顺口溜："五四农场，常遭人抢；线路被剪，电话不响；内部工作搞不好，外来小偷可不少。"农场外债 12 万元，而年收入仅 1 万元，还不够利息。职工工资没着落，人心涣散。如何解决困难局面，吴金印首先进行调查研究，细查病因，对症下药。他协调各种关系的同时，大胆调整种植结构，带领职工在全市建起了第一座塑料大棚，发展温室蔬菜，在 1000 亩地上念起了瓜菜经，使农场一年大翻身，三年大发展。吴金印在农场的 3 年内，农场共盈利 80 万元，还清了外债，购买了汽车和大型农机具，盖起了楼房，装上了电话，职工发了工资，还领了奖金，住上了新家属楼。

吴金印指导群众建设塑料大棚

吴金印在当地开创了无数次的第一次,充分体现了他勇于探索、敢于创新、敢为天下先的精神。敢为天下先,就是做先行者,做别人没有做过的事。它体现的是勇立时代潮头,善开风气之先,敢于争创一流的胆识和魄力。一个人如果没有敢为人先的勇气,就是没有血性,没有气魄,就难以成就事业。敢为人先就必须敢于解放思想,冲破禁锢,有进取向上的精神。保守被动是一种没有出息的表现,很难取得成功。敢为人先,就必须勇于突破陈规,敢于突破思维定式,勇于出奇制胜。敢为人先,就必须有过人的胆识,能够把握正确的方向,严格核准事实,掌握最佳时机。敢为人先,才能开辟出新的道路,才能走出一片辉煌。如果思想僵化,迷信盛行,就不能前进,生机就会停止,就要亡党亡国。

二、解放思想，与时俱进

太行英雄显身手,手持红旗立潮头。吴金印思想解放、与时俱进,始终走在时代的前头。思想解放,敢作敢为,胆识过人,是吴金印的特点。

解放思想是指打破习惯势力和主观偏见的束缚,研究新情况,解决新问题。使思想观念冲破旧习惯势力的禁锢和束缚,把主观世界的思维意识与变化了的客观实际结合起来,克服那些不符合实际的“习惯思维”和“主观偏见”,用发展变化的观点创造性地改造客观世界。解放思想是发展中国特色社会主义的一大法宝。实践表明,解放思想是引导社会前进的强大力量。

思想就是力量,观念就是财富。敢想才能前进,敢干才有出路,思路决定出路。吴金印之所以能做到“走一路富一路”,关键是他解放思想,每到一地，都能打破原来的发展模式，提出适合当地特点的正确发展思路。他从实践上验证了“思路决定出路”的正确性。

吴金印如是说

困难，困难，困在家里跳不出小圈子就难；出路，出路，打破封闭走出山门才有路。

我们不能把资源吃干榨净，一定要给子孙留下青山绿水。

1987 年年底，吴金印调任唐庄乡党委书记，挑起了治理这个闻名太行山南麓的穷窝子的重担。面对唐庄乡的山山水水，吴金印进行了深入思考，他努力探寻唐庄乡穷困的根源到底在哪。经过思考，他认为，太行山人不笨不傻，不懒不蛮，吃苦耐劳，可思想比较保守，脑子不够开窍，守着金山要饭吃，住在摇钱树下没钱花。他开导群众说：困在家里跳不出小圈子发展就难，打破封闭走出山门才有出路。吴金印率领班子成员，深入调查研究，了解到，唐庄乡地形复杂，西边是山区，北边是丘陵，东面南面是平原。应根据不同的特点，发挥各自的优势。据此，吴金印提出了唐庄乡的科学发展思路：西抓石头东抓菜，北抓林果南抓粮，乡镇企业挑大梁，沿着国道做文章。思路决定出路，到 1995 年，全乡社会总产值达到 6.87 亿元，其中乡镇企业产值达到 6.16 亿元，分别比 1987 年增长 14.45倍和 19.5 倍。人均收入也从 1987 年的 519 元达到 2337 元。

在吃饱饭之后，吴金印并没有小富即安，而是解放思想，与时俱进，奔向第二个目标：办工业。无粮不稳，无工不富。唐庄镇注重“借智生财”，从外地聘请专家、教授着力于农产品精深加工项目。他们兴办的淀粉厂生产的淀粉产品，可以成为高档食品、药品，市场售价比面粉的价格高出十几倍、几十倍。

农民的生活越来越好,吴金印继续建设社会主义新农村的脚步并没有停止。2000年,在调研的基础上,他又提出了唐庄镇新的发展方针:“农村建设城市化、农业生产科技化、农村经营市场化、基层政权规范化。”吴金印说:“增加农民收入,建设新农村,一定要因地制宜科学规划,不能盲目抄袭别人的模式,不能做表面文章。”

改革开放以来,社会经济发展可谓是突飞猛进,土地、规划和产业等方面政策都在不断调整,如今,吴金印虽已是年过七旬的老人,却始终没有放弃对政策的学习。对于70多岁的老人来讲,学习这些政策显得尤为吃力。然而,吴金印的政策意识、法规意识却在日益增强,在落实工作的过程中始终做到了依法、依纪、依规。以世界500强——百威英博集团、北新建材集团为代表的7家上市企业的成功入驻,唐庄镇镇区建设总体规划、产业集聚区基础设施建设规划科学有效的实施,都是吴金印解放思想、与时俱进精神的见证。一位年逾70岁的老人尚能做到与时俱进,我们没有理由更没有资格不学习,不与时俱进。

解放思想、实事求是、与时俱进是马克思主义的精髓,是我们认识新事物、适应新形势、完成新任务的根本思想武器。不断解放思想,坚持与时俱进,是推进经济快速发展的强大思想动力。我们不敢设想一个思想很落后的地区,经济会发展很快,也不敢设想一个经济发展很快的地区,人们的思想会很落后。思想解放的程度,决定着改革开放的力度和经济发展的速度。当前尤其要强化市场意识、开放意识、诚信意识、竞争意识,发展才能有新思路,改革才能有新举措,各项工作才能有新局面。领导干部要做解放思想干事创业的时代先锋,解放思想的关键是领导。

“面貌变不变,领导是关键”,一个地区领导干部的思想解放程度,也直接决定该地区经济社会的发展速度和水平。解放思想的目的,就是为了推动经济社会大发展,这就要求我们不能仅把解放思想挂在嘴上,更要把解放思想落实到实际工作上,正确认识目前经济社会发展中出现的问题,拿出解决问题的办法。要破除“小打小闹,自给自足”“小富即安,稍进则满”“宁为鸡头,不为凤尾”等观念,树立顺应市场经济要求的发展意识、竞争意识和品牌意识,以更广阔的视野开拓创新,开创工作新局面。解放思想要从具体工作做起。解放思想不能空喊口号,不可坐而论道,必须理论联系实际,付诸行动,敢于创新、敢于攻坚、敢于超越。我们要坚持以解放思想为先导,把大胆探索的勇气与科学求实的精神统一起来。在变化中保持旺盛的生命力。面对新一轮改革开放的大潮,我们必须在思想上不断有新解放,理论上不断有新发展,实践上不断有新创造。

三、大胆试验,敢于担当

改革创新,就是革故鼎新。走前人没有走过的路,做他人没有做过的事,创前人没有创过的业,是会遇到各种难以想象的困难,甚至要付出沉重的代价。不大胆,没有一点冒险的精神,前怕狼,后怕虎,畏首畏尾,就不能创新。马克思曾经说过,只有在那崎岖小道上敢于攀登、不畏劳苦的人,才有希望达到光辉的顶点。

领导干部就要敢于担当。担当,就是勇于接受并负起责任,就是一事当前,勇挑重担,敢于负责。担当精神只有在任务矛盾、困难、风险和挑战面前才能显现。它代表着“在其位,谋其政”的履职尽责,代表着

“知其难为而为之”的执着信念,也代表着“明知山有虎,偏向虎山行”的无畏勇气。有担当的人才能尽显大气与豪迈。

在狮豹头改河造田的过程中,其中一个重要工程是开凿羊湾洞,让沧河改道。没有资金,吴金印就动员群众利用当地资源,先后建起编织厂、毛刷厂、修配厂、罐头厂,组织劳力到外地承包工程,每年赚取的五六十万元钱用来支持工程建设。没有技术人员,吴金印就到山东、天津、河北等地聘请专家。1973 年 10 月 16 日,在克服种种困难之后,工程终于上马,数千名民工聚集在沧河滩内,举行向沧河要粮誓师大会。几十名炮手各就各位,待令。恰在这时,路边来了一辆轿车,从车上下来了一位县领导。他铁青着脸,两眼盯着吴金印训起话来:“你们想了没有?这么大的工程,不要说你们万把人的小公社两年能够完成,就是全县劳力都上,4 年也打不通!就你们这几个人,凭着一锤一钎想把大山戳个窟窿,让沧河改道,能办成吗?这是大山啊!不是一块胶泥,想咋捏咋捏。胡闹!我不支持你们!”说罢,一脸怒气,钻进汽车,扬长而去。吴金印听后,如五雷轰顶。但他想到,如果后退一步,工程就会流产。不干,会泄了山区老少爷们的气。干,坚决要干!我们要拿出成绩让世人看看!吴金印问两位公社副书记的意见,他们也同意干。吴金印发誓:“要干就干出个名堂来,要坚决干成功!”经过一年多的奋战,他们克服了无数的困难,到 1975 年夏天,整个工程终于完成了。以如此短的时间完成如此艰巨的工程,实在令人吃惊!同样令人吃惊的是吴金印的担当精神,在没有上级领导支持的情况下,他以人民利益为重,不计个人得失,义无反顾,勇敢地挑起了沉重的担子。桥的价值在于能承载,人的价值在于能担当。一个人担当的越多,往往证明其价值越大。勇于担当是吴金印社

1975 年开凿的青年洞

会责任感和正义感的体现。古人讲:“大事难事看担当。”遇大事难事,是退避三舍,还是担起责任,集中体现了当事人人格力量的强弱和道德境界的高低。在事关人民群众根本利益的大是大非问题面前需要担当,在重大问题上大家意见不统一,甚至有反对意见的时候,要做到不随波逐流,敢于坚持正义,勇于保护人民群众利益。

为了形成锐意进取、干事创业的良好氛围,吴金印提出了“支持干的,批评看的,处理捣蛋的”的工作思路。对于大胆干事的村干部给以大力支持,为他们干事创业创造一个好的环境。唐庄镇盆窑村党支部书记李庆一因抓计划生育坚持原则、敢于碰硬得罪了人,个别人编造罪名,诬陷他。1994 年的一个晚上,他家的房子被坏人炸了一个大洞。吴金印认为:这不仅是村上的邪恶势力对村干部的挑战,而且是想炸掉我们共产党人的锐气,必须从政治上认识这个问题,给以高度重视。事发当天,吴金印就带着镇领导干部来到盆窑村,给李庆一撑腰做主。镇党委决定,由镇里出钱、出料,为李庆一维修房屋。随后,镇党委召开 800 多人参加的党员干部会议,会上,吴金印旗帜鲜明地支持李庆一,一名告黑状的村干部被撤职，搞破坏的人被依法严办。李庆一非常感动，表示拼了命也要为党做好工作。经过两年的奋斗，这个昔日的贫困村，一跃成为卫辉市的“百强村”和“明星村”。通过支持一个李庆一，鼓舞了全镇31个村的村干部。

作为一个领导干部，经常面临决策和执行，有决策、有执行，尤其需要有担当。一旦出现问题要敢于挺身而出，敢于承担责任，保护下属。“为官避事平生耻”，对于领导干部来说，应当把勇于担当作为内心深处的价值追求并自觉实践。现在，少数干部乐于做锦上添花的事情，但是遇到攻坚克难等“破竹子”的事情就不想做了。关键时刻个别同志甚至撂挑子，工作无限期拖，这是对事业的极端不负责。有的同志工作往往就缺最后一把火，这不仅于事无益，个人也难以成长起来。我们要勇做开山先锋，做披荆斩棘的猛将。“穷则变，变则通，通则久”，共产党员不能老守着现成的东西，不敢创新，不敢前进。要挖掉穷根，就得有一股敢创新业、敢担风险的拼劲。创新需要睿智、大胆、冒险，更需要无私无畏的品格。一切有志于改革的仁人志士，要有“舍得一身剐，敢把皇帝拉下马”的大无畏气概。全面深化改革就需要吴金印那种大胆试验，敢于担当的精神。要勇于担当就必须保持强烈的事业心和责任感，只有保持强烈的事业心和责任感，才能不避艰险，不求回报，始终保持对事业的执着和追求，始终保持前进的动力和进取心。要勇于担当就必须有崇高的精神境界。有什么样的精神境界，就有什么样的人生态度。大石拦路，弱者视为前进的障碍，勇者视为前进的阶梯。强者敢于担当，做事想的是大家，是他人；弱者害怕担当，做事想的大多是自己，只顾个人的利益得失。要勇于担当就要有不畏艰险的意志，要勇于担当还要有过硬的本领。有了担当精神,还必须具备解决难事、化解难题的能力。否则,就是盲目的担当。

吴金印把自己的创新和创造全部献给了生他养他的土地。这是叶对根的深情,这是小草对春晖的深情,这是赤子对慈母的深情。

四、尊重群众,集中民智

实践是创新的源泉和动力。群众是实践的主体,也是创新的主体。马克思主义历来重视群众的首创精神。毛泽东号召党员和干部要深入群众,向群众寻求真理。领导干部一定要尊重基层群众的创造。

吴金印这样做

20世纪70年代,当时在经济上还是坚持以农业为主导。但是吴金印却在做着深山里的工业梦,经过努力建起了机械厂。这在狮豹头历史上是第一次,从此,狮豹头公社结束了没有工业的历史。

20世纪80年代,他带领群众在县五四农场建起了全市第一个塑料大棚,生产跨季节蔬菜。当发现生产带来严重污染后,吴金印坚持科学发展观,坚决要求关闭污染企业,还百姓绿水青山。

吴金印非常善于总结群众的创造,吸取群众的智慧,然后做出科学的决策。唐庄乡北抓林果的决策就来自群众的智慧。1988年,唐庄乡遇到百年不见的大旱,5个月未下一滴雨,山区群众赖以生存的水池、水井都干了,山坡、丘陵、田园一片枯黄。但在侯庄却有一片山楂林分外惹人注目,正值山楂花开盛季,满园白花如云。旱魔欺凌之下有其蓬勃的

唐庄镇万亩桃园

吴金印查看桃树长势

绿色，令人惊奇。吴金印看后得到启发，干旱地区适合种果树。到了石屏村，一位老人正在挖坑浇树。吴金印就问：“老乡，咱们这儿都能种什么果树？”老汉说：“苹果、山楂、桃都行。俺种了大半辈子的树，别小看这果木，干旱歉年能有这‘铁杆庄稼’，就饿不死人。”吴金印从中得到启发，然后又经过科学论证，认定唐庄的干旱丘陵地区非常适合种植各类果树，这里又地处新乡市和卫辉市中间，107 国道、京广铁路穿境而过，林果市场十分广阔。因此，吴金印坚定地对乡村干部说：“咱们要因地制宜奔小康。唐庄有 2 万亩干旱丘陵地，如果都栽上果树，几年以后，它将是唐庄经济腾飞的大翅膀！”为了把计划变为现实，吴金印利用整整一个夏季和秋季，到郑州果树研究所、西北农学院请来专家、教授，又带队到济源、灵宝参观，召开一个又一个动员会，举办一期又一期果树培训班。到秋天，唐庄的丘陵荒坡出现了万名劳力挖坑种树的热闹场景。20 天时间，他们栽种山楂、桃、苹果树苗 1.2 万亩，并且全是国内外最佳品种。短短 4 年之后，各种果实已挂满枝头。全乡 1.5 万亩果园，每个果园都是一个“绿色银行”，80 万棵果树成了摇钱树。据专家测算，到盛果期，唐庄的林果收入，每年将达到 1500 万元以上。一个来自群众的决策，改善了环境、调节了气候、增加了农民的收入，价值重大。吴金印在回顾这项工作时曾说："初到唐庄工作时，我懂得了果树是'铁杆庄稼'的概念，懂得了'一亩园十亩田'的道理，从而启发我们制订了'东南西北'的工作计划。"他深有感慨地说："群众最有智慧，靠群众智慧绘制蓝图。我在基层工作几十年，换了许多地方，每到一个地方都是靠群众的智慧制定切实可行的发展规划，找到了解决问题的办法。"

一个人的智慧和创造力是有限的，而群众的智慧和创造力是无限的。只有善于集中群众的智慧，总结群众的创造，才能胜利地推进各项事业。群众最有智慧，最有力量，最了解实际，看问题最透彻。离开了群众，啥事都干不成！有一首民歌这样唱道："一只手，顶个盘；两只手，提只篮；十只手，撑只船；一百只手把河拦；一千只手能倒海，一万只手能翻天。"只要真心实意依靠群众，他们就会为我们出谋献策，分忧解难。与群众站在一起，我们就有一种强大的力量。脱离了群众，我们就会失去根基。把群众当亲人，把群众当老师，我们党员干部才不会失去根本。

建设中国特色社会主义的实践是广大人民群众自己的实践，群众在实践中创造的经验，反映了事物发展的客观规律，代表了社会进步的方向。因此，要尊重人民主体地位，发挥人民首创精神。领导者的历史责任就在于支持群众的创造，参与到人民群众实践活动的过程中去，虚心向人民群众学习，及时发现、总结、概括人民群众创造出来的新鲜经验。善于总结群众的经验，是正确决策的基础。在决策过程中，要坚持群众路线，善于从群众中汲取智慧和力量，总结群众的发明和创造，吸收和借鉴一切成功的经验和有效的办法。尊重群众的实践，尊重群众的首创精神，是我们广大党员干部开拓创新的基本途径。

五、遵循规律，科学发展

吴金印善于开拓创新,他努力把创新精神与实事求是精神结合起来。敢字当头,但决不蛮干。他每到一地,总是认真开展调查研究,掌握规律,遵循规律,坚持科学发展。发现问题之后,毫不回避,坚决及时地解决。

20世纪80年代初,针对唐庄经济发展缓慢,没有致富资源的实际,吴金印提出了“靠山吃山、西抓石头”的发展思路。一时间,全镇一度出现了上百家石料加工厂。一辆辆运输车来回奔忙,运出去的是石砟,带回来的是票子。没想到,发展石砟厂,带来的危害越来越大。由于多数厂工艺落后,没有除尘设备,致使唐庄一度成为当地的污染大户。

经济虽然发展了,人民的生活环境却变了:天不蓝了,水不清了,灰尘大了。“吃饭捂着碗,睡觉蒙着脸”成了当时情况的写照。最受影响的是石料加工厂两边的庄稼和果树,粉尘影响了授粉,结出来的桃子又小又难看。面对经济发展带来的环境恶化,作为唐庄镇“领头人”的吴金印毫不回避,进行了深刻的反思:“石料加工厂在发展全镇经济、增加村民收入方面确实起了不小的作用,但中央提出科学发展观,提出人与自然要和谐发展,一对照,我们确实是污染大户。”环境污染必须马上治理,不能为了一时的经济发展破坏生态。只有科学发展,才能持续发展。吴金印带着全镇领导干部,一边检讨和调整工作思路,一边痛下决心革除污染企业。

吴金印定下了治污的目标:日产1000吨以下的石砟厂一个不留,国道旁边的石砟厂一个不留！已经富裕起来的企业老板不理解，找到吴金印说："当初建厂是你们鼓励扶持，现在停产也是你们要求，你们说话还算不算数？"吴金印动情地说："不能把咱们的增收建立在别人的减收上！环境治理好了老百姓才能真正过上好日子！"一年内，100多家国道旁边的石砟厂纷纷按要求关停。有的建起了环保型的石砟厂，有的办起了机械加工厂、纺织厂。同时，唐庄镇又新上了纺织、彩印等10多家高新技术和环保项目。

吴金印说："我们不能把资源吃干榨净，一定要给子孙留下青山绿水。"在山石开采过的地方，吴金印带领党员干部和群众刨石头种树，在山坡上修鱼鳞坑。经过多年的奋战，西山已开发土地4500亩，植树60万株，挖了鱼塘，栽了花草，成了旅游的好地方。

生态文明乡镇——唐庄镇西山美景

改造村镇，减少土地浪费。农民有钱了，要求改善居住条件，但盖房子就要占用土地。吴金印对土地最有感情："普天下啥最珍贵？土地最珍贵。万物土里出，人靠土地养活，土地是农民的铁饭碗。"为了给子孙后代多留点土地，吴金印在改善农民居住条件的时候，大力改造"空心村”。“空心村”指的是村民盖新房围着村子向外发展，一些村中央的老宅基地却闲置不用，时间一长就形成了“外实内空”的局面。为了设计出适合农民长期居住的房子，吴金印专门去清华大学请建筑设计专家设计了几套新式农村住宅，全都是两层或三层的小楼。

通过村镇改造建设，唐庄镇节约土地2000多亩，除工厂用地外仍可腾出1500多亩土地。改造前人均住房面积仅为25平方米，改造后人均住房面积增加到了50平方米。如今的唐庄镇，一条条平坦的水泥路伸向大街小巷、田间地头，一排排统一规划的住宅楼新颖别致，一排排日光大棚连绵成片，一座座现代化工厂星罗棋布，一行行垂柳飘洒成荫，一片片苍松吐翠、杏花飘香……

吴金印与外商洽谈投资事宜

目前，吴金印正忙着带领父老乡亲奔向“三化”的目标。工业化、城镇一体化、农业现代化，是吴金印当前主要的工作内容。这个让唐庄镇财政收入从20年前的37万元增加至5700万元，人均年收入从400元增加到6000多元的老党员，虽已70多岁，但是思想解放，眼光超前。唐庄镇先后引进“世界500强”百威英博啤酒、“全国500强”北新建材和央企等大型企业前来落户。吴金印认为“对子孙后代不利的，就是金娃娃也不能抱”。企业落户时，吴金印坚持两个标准：一是看企业的投入产出比多少；二是看企业是否污染环境，污染企业没机会。他有两个目标，一是到“十二五”末期，唐庄镇向国家纳税总额比“十一五”期间翻两番，达5亿元左右；二是农民收入同比翻番，达到1万元以上。“一切为了群众，一切依靠群众。”吴金印说，实现“三化”，归根结底是为了让百姓过得更好。

吴金印坚持创新推动发展，推动科学的发展。在发展中，要做到科学、健康、可持续的发展，既要金山银山，更要绿水青山。贯彻科学发展观，要做到统筹兼顾，即统筹城乡发展、统筹区域发展、统筹经济社会发展、统筹人与自然和谐发展、统筹国内发展和对外开放。吴金印在通过创新推动科学发展的过程中，始终做到了以人为本。从人民群众的根本利益出发谋发展、促发展，不断满足人民群众日益增长的物质文化需要，不断提高群众的物质文化生活水平。凡是为民造福的事情千方百计去办，凡是损害群众利益的事情坚决不办。

实践没有止境，创新也没有止境。生命的意义在于创造，如果无谓地消耗生命，人活着还有什么意义？但是，创新是为了解决问题，是为了发展，是为了人民群众实现对美好生活的向往，而不是为创新而创新，更不是作秀、沽名钓誉。我们不能停留在空谈创新上，而是要像吴金印那样把主要精力放在研究新情况、解决新问题上。解决了一个问题就是有一份创新，解决问题越多，创新越多。对中国共产党人和中国特色社会主义来说，创新的出发点和落脚点就是发展。我们的一切创新思维和创新活动，都必须从科学发展观的要求出发，把创新和发展有机地统一起来，在不断创新中追求发展，在不断发展中促进创新。

第五章 清正廉洁的吴金印

理论导读

领导干部以身作则、清正廉洁,是由我们党的性质所决定的,是党和人民对领导干部最起码的要求,也是领导干部应具备的基本素质。古人说:“政者,正也。”“其身正,不令而行;其身不正,虽令不从。”群众对领导干部是要听其言、察其行的,如果你说的是一套,做的是另一套,就不可能取得群众的信任与拥护。要把社会主义现代化事业不断推向前进,使我们的党和广大人民群众保持鱼水关系,领导干部就必须带头做到清正廉洁。

对于党员领导干部来说,能力有强有弱是正常的,但清正廉洁不是可有可无、可强可弱的,它是保证党员干部综合能力得以充分发挥的重要基础。廉洁方能聚人,律己方能服人,身正方能带人,无私方能感人。领导干部只有清正廉洁,才能有为党和人民工作的资格,才能有凝聚力和号召力。

领导干部要做到清正廉洁,就必须正确地使用权力。要防止权力的私有化、商品化、庸俗化，牢固树立正确用权的责任意识，牢记领导就是服务、权力就是责任、任职就要负责，切实把职务和权力一心一意用在为人民谋利益上。领导干部要做到清正廉洁，就必须经得起诱惑。面对各种诱惑，要清醒为官，清廉自守，慎独自制。强化自我约束意识，管好自己的腿，不该去的地方不去；管好自己的嘴，不该吃的不吃；管好自己的手，不该拿的不拿。要常思贪欲之害、常除非分之想、常怀律己之心。领导干部要做到清正廉洁，就必须管得住小节。一个在小节上过不了关的领导干部，也很难在大节上过得硬。因此，领导干部要在每一件细小事情上严格要求自己，真正做到“一念之非即遏之，一动之妄即改之”，切实守得住言行、保得住名节。

清正廉洁是共产党人的政治本色。廉洁自古是中国正直的官员陶冶情操与完善自我的一种道德修养。宋朝的欧阳修说：“廉耻，士君子之大节。”古人讲：“不受曰廉，不污曰洁。”也就是指不接受他人的不义之施，不让自己的高洁人品受到玷污，这就是廉洁。从政几十年来，吴金印一直坚持权为民用，廉洁奉公，一尘不染，始终保持了共产党人清正廉洁的政治本色。

劳动中的吴金印

一、严于律己，秋毫不犯

不拿群众一针一线，是党和军队的纪律，也是我们党的优良传统。自从参加工作之后，吴金印就传承了这一优良传统，做到了严于律己，秋毫不犯，从不以权谋私。早在吴金印当家乡董庄大队的大队长时，因为正值三年严重困难时期，生活困难，物质奇缺，群众想找一张糊窗户的纸都很难。大队订阅的《人民日报》《河南日报》，大家看完后，吴金印就小心地一张一张保存起来，外出时还交给专人保管，舍不得丢失一张。大队干部有的想拿几张回家贴墙，吴金印说："别小看几张旧报纸，这也是公共财产。现在群众都缺纸，咱当干部的要私自用了，咋对得起群众？"几年下来，报纸积了有半墙高。吴金印在被调往公社的那天，他把旧报纸计数之后，全大队不算自己家正好每人 3 张。别人家都分到了报纸，吴金印却空手而归。正需报纸剪鞋样的母亲并没有生气，而是非常理解儿子，她说："只要大伙儿高兴就行。"母亲知道，连一张报纸都不往家拿的儿子，肯定能当好这个村干部。

吴金印如是说

一个人心贪就会失掉气节，嘴馋就会吃掉原则。作为一个领导干部，一定要做到掌权为人民，正气留人间。

干部是面镜，群众是杆秤，要想打好铁，必须自身硬。

老子说："胜人者有力，自胜者强。"战胜自己是最难的一件事。人生最大的敌人是自己，最难战胜的也是自己。作为领导干部，更需要战胜自己。要战胜自己,就要自我约束,管好自己,管得住自己。吴金印在有些方面对自己的要求达到了严苛的地步。在苦难日子里长大的吴金印深知缺粮挨饿的滋味,也深感逢年过节群众改善生活不容易,他实在不忍心吃群众的好饭。所以,一到过年过节,每到吃饭的时候吴金印就玩起了"失踪",带上自己的军用书包,装上几个红薯或干硬的黑馍,带上几本书到山上去看书。

每到秋天,山上的柿子成熟了。吴金印蹲点的靳庄村家家都分了许多柿子,堆在屋里。吴金印到哪家,哪家就拿出柿子让他吃,他就说:"这柿子是群众用汗水换来的,我不能白吃。"结果群众就有意见,说吴金印什么都好,就是太"外气"了。有的群众还说:"你不是天天说和我们群众是一家吗?怎么让你吃个柿子就和我们分家了呢?这一回,你不吃我们不让你走!"推辞不过,吴金印只得吃了。从这以后,谁再让也就不再拒绝了。但是,吴金印还留了一手。在谁家吃了柿子,他都如数记到账上。蹲点结束后,他从公社托人给村支书孔宪银捎去一封信和30元钱。他在信上写道:

宪银同志:

我在靳庄蹲点期间,没有很好地遵守工作纪律,吃了群众300多个柿子。现在按一角钱一个付款,麻烦您一定如数送到各家各户。咱都是党员,拜托您了。

信中还附了一张收款人名单和金额。孔宪银将钱一一送到每家人手中,群众纷纷说:"没想到他还有这一手,我们要知道有这事,就不让他吃了，这价格比市场上还贵哩！”吴金印在山区工作的15年中，其中有7年多都住在群众家中。在谁家吃饭，就按规定交钱交粮票。主人不收，他就放在碗底下，有时偷偷塞在墙壁贴画后面。后来人们发现后，他吃饭时总有眼睛盯着他，怕他再把钱和粮票到处藏。实在交不掉时，吴金印总是记着账，等村干部开会时，再将事先用纸包好的粮票和钱捎回去，并且总要附上写着“在您家吃饭，给您添了太多麻烦，这钱和粮票一定收下”的小纸条。

人民公仆吴金印

吴金印常说：清正廉洁，严于律己，是对领导干部的基本要求。几十年来，身为基层领导干部的吴金印始终做到了处处严格要求自己，一直过着简朴的生活。他捧给群众一颗心，却从不拿群众一根草。他经常对周围的同志讲，面对千家万户的群众，干部直接代表着党的形象，老百姓就是从我们的一言一行来看我们这个党的，我们当干部的要严格要求自己，才能赢得群众真心实意的拥护。改革开放后，面对市场经济的大潮，吴金印依然保持了清廉本色，做到了一尘不染。革命烈士方志敏说：清贫、洁白、朴素的生活正是我们共产党人战胜许多困难的地方。艰苦朴素的生活，也正是吴金印战胜许多诱惑的地方。清朝第一清官张伯行在他撰写的《禁止馈送檄》中说：“一丝一粒，我之名节；一厘一毫,民脂民膏。宽一分,民受赐不止一分;取一文,我为人不值一文。”连封建时代的清官都有这样的胸襟,我们共产党人应该具有更高的境界。为政清廉,必须有高尚的精神境界,要加强自身修养,要谨慎用权、公正用权,要有好的作风。好思想、好作风是从学习中得来的。通过学习马克思主义科学理论,树立正确的世界观、人生观和价值观,志存高远,为民造福。要见贤思齐,向英雄模范人物学习,诚心诚意地以他们为师,养成好作风就有了好榜样。共产党员和领导干部要增强党性锻炼,在腐朽思想和不正之风面前,要头脑清醒,立场坚定,不能当泥瓦匠和稀泥,也不能当木匠,睁一只眼闭一只眼,而要当铁匠,敢于硬碰硬。要在解决自己的理想信念、根本宗旨和思想作风存在的问题上,在为人民幸福的奋斗中去实现共产党人的人生追求和人生价值。

二、以廉为本,率先垂范

“公生明,廉生威。”这是吴金印长期坚守的信条。“其身正,不令而行,其身不正,虽令不从。”吴金印严于律己,率先垂范。吴金印常说:“干部是面镜,群众是杆秤,要想打好铁,必须自身硬。”他是这样说的,更是这样做的。在乡镇领导岗位上工作了几十年,为了让群众过上好日子,他付出了大量心血,办了大量的实事好事,但从来不图任何回报。在工作生活中,他时时处处严格要求自己,不搞特殊,不以权谋私,做到了“常在河边走,就是不湿鞋”。

吴金印认为清正廉洁、严于律己是党和人民对我们领导干部的基本要求。心贪就会失掉气节,嘴馋就会失掉原则。作为领导干部必须做到秉公办事,为民谋利。1988 年,唐庄乡要在北部丘陵地区种植 60 万棵果树。卖树苗的客商得知后,纷纷找到吴金印推销树苗。有的客商对吴金印说:“我们的树苗,市场上卖 2 毛钱 1 棵,按这个价给你,每棵再回扣你 5 分钱,你一个人可得 3 万元,你就可以成为万元户了。”吴金印回答:“钱是不少,可我不能要,这 3 万元是唐庄人民的血汗钱,不要说我是党的干部,就是普通老百姓,也不能要这昧心钱。这样的万元户,我永远不当!”客商听后,深受感动,最后把每棵树苗又减去 2 分钱,以 1 毛 3 分钱的优惠价卖给了唐庄乡。

1992 年秋天,吴金印为建唐庄水泥厂带队在北京考察时签了 30 吨汽油购买合同,当时每公斤 1 元,时隔不久,油价上涨,每公斤涨到 3 元多。于是,30 吨平价汽油成为一些人追逐的目标,有人愿以每公斤 3.5 元购买,有人愿以 2 万元套购合同,有人愿以房屋电器与汽油合同互赠……但都被吴金印回绝了。他说:“当共产党的干部,手中掌握着人民群众给的权力,想要发财,机会很多,可那不成了以权谋私了吗?咱可不能这么干。”最后,吴金印把 30 吨汽油交给了乡办电磁厂,分文未取。

权为民所赋,权为民所用,权受民监督,领导干部必须敬畏权力、管好权力、慎用权力。公权决不能私用,化为谋私的工具。《中华人民共和国宪法》规定:“中华人民共和国的一切权力属于人民。”中国共产党是代表人民掌握领导权的。党的领导从本质上说,是一种服务。人民是权力的主体,是权力的委托者,党员、干部是权力的受托者。为人民谋利益是共产党人行使权力的目的。权力意味着责任,干部为人民办事是自己应尽的义务,要恪尽职守,尽职尽责,千方百计为人民办好事,让人民满意。领导干部树立正确的权力观,就要努力做到立志做大事,不要立志做大官,珍惜人民赋予的权力,做到为官一任,造福一方,在自己的岗位上做出一流的工作,创造一流的业绩。领导干部树立正确的权力观,还要做到珍惜荣誉,淡泊名位。要珍惜共产党人的光荣称号,清清白白做人,干干净净做事,把党和人民的利益始终放在第一位,决不能为谋取个人的名利和地位而不择手段。

吴金印与村民谈心

吴金印在长期的工作实践中树立了正确的权力观,他十分珍惜为人民服务的工作岗位,深刻地认识到权力就意味着责任。因此,他格外珍惜手中的权力,把清廉作为立身之本、从政之基,严守道德和法纪的底线。1993 年 10 月,唐庄镇要建一座年产 12 万吨的水泥厂,经勘测设计,需要投资 2000 万元,仅基建安装工程的造价就需要 600 万元。在订购设备和机器安装阶段,许多企业前来要求承包,并以回扣、好处费等手段作为承包条件。吴金印觉得几万、十几万“好处费”的背后,是设备价格的大幅上涨,是投资的增加。他对那些要来承包的人说:“人民的血汗钱,一分一厘也不能乱扔,我作为共产党的书记,决不干吃里扒外的事!”

在建厂过程中,定设备、买电料、搞安装,都是经集体研究制定方案,请各个厂家投标。客户们把送礼竞争变成了企业实力竞争、产品优势竞争。结果,既保证了产品质量,又降低了产品价格。整个厂建下来,共节省成本 1100 万元。群众高兴地说:“老吴会核算,一‘廉’省了 1000 万。”权力是把双刃剑,既能为公,也能为私。公者人民不忘,私者千夫所指。吴金印一心为公,自然得到老百姓的颂扬。

吴金印在担任狮豹头公社书记期间,公社的两位同志党振河和王桂成到吴金印的家乡办事,顺便看望吴金印家的老人。到家中看了之后,二人大吃一惊,没想到吴金印的家境竟如此贫寒。一张旧饭桌上面裂了几条缝,连一个像样的小凳子也没有。党振河、王桂成觉得吴书记为山区群众做了那么大的贡献,家里却穷成这样,心里实在难受。二人经过商量,就趁公家做家具时顺便为吴金印家做了一张床、一张饭桌和几把凳子,悄悄送到了吴家。当吴金印回家得知这件事情后,就找到党振河和王桂成,严肃地批评了二人,他说:“这个情我不能领!你们咋拿着公家的东西送人情呢?何况那是群众的血汗钱啊!”为此,吴金印还在党委扩大会上做了检讨。他说:“由于我平时不能严格要求自己,家里占用了公家的几样东西,一张小桌,几把小凳子,还有一张床。现在,根据市场价格,我如数将钱退还给公家。”从此以后,再也没人敢给吴金印送东西了。有朋友劝他:“你这样做太绝情了,真想付钱悄悄付了不就算了?”吴金印认真地回答:“假如我悄悄付了款,下次还可能有人送东西。只有这样绝情,这类事才能杜绝呀。”此处无情胜有情,此处无情更有情。对送礼行贿者无情是对人民群众的一片深情。因为,这有效保护了人民群众的利益。作为领导干部首先要做到自己不贪,同时要做到让别人不送。要做到让别人不送，就必须以清廉公正的形象树立个人威望，让别有用心的人望而却步，断了贿赂的念头。

“廉者，政之本也。”清正廉洁是执政之基。能否做到不贪不贿是对一个领导干部最重要的考验之一。“历览古今多少事，成由清廉败由贪。”《论语》中说：“见小利，则大事不成。”为政者，贪小利，就成不了大事。领导干部要做到“进不失廉，退不失行，一身正气，两袖清风”。公生明，廉生威。领导干部只有以清廉为本，才能底气十足，无所畏惧。如果一个领导干部贪污受贿，必然拿人家的手短，吃人家的嘴软，就不可能按原则办事，严重的会一步步走向犯罪的深渊。清正廉洁是贯彻群众路线的必然要求和重要前提。为政清廉，奉公守法，堂堂正正做人，干干净净做事，才能形成感召力和向心力，才能扩大党的阶级基础和群众基础，进而巩固党的执政地位。领导干部要做到清正廉洁就必须常修为政之德，常思贪欲之害，常怀律己之心，坚持高尚的精神追求。要加强修养，“静以修身，俭以养德，淡泊明志，宁静致远”，要正确用权，以人民赋予的权力造福于人民。要认真学习习近平总书记提出的廉洁自律的各项要求，坚决执行中央提出的各项纪律和规定，从现在做起，从小事做起，从我做起，自重、自警、自省、自励，不贪美色，不乱交友，牢固树立敬畏人民、敬畏法律的意识，坚守共产党人的精神家园，抵得住诱惑、耐得住寂寞、守得住底线，管好自己、管好亲友、管好身边人，做到防微杜渐，不断增强拒腐防变的能力，永葆共产党人的先进性和纯洁性。

“廉政不抓，一盘散沙；腐败不除，民心不服。”因此，我们必须以强烈的政治责任感，把反腐斗争深入持久地开展下去。要着力解决发生在群众身边的腐败问题,认真解决损害群众利益的各类问题,切实维护人民群众合法权益。坚持从严治党,加大反腐败力度,做到苍蝇、老虎一起打,不断净化党的肌体。领导干部要自觉与享乐主义、奢靡之风彻底决裂,把特权思想和特权行为彻底扫除,练就刀枪不入、糖弹失效的金刚不坏之身,确保干部清正、政府清廉、政治清明。

三、从严要求,管好亲属

领导干部不仅要管好自己,更要管好家人。由于领导干部手中有权,其家人往往容易成为行贿、拉拢的对象。管好家人,对于领导干部太重要了。可以说,管好家人就是爱护家人,管好家人就是维护家庭的和谐。吴金印对亲属子女要求非常严格,从来要求亲属子女不能打着自己的旗号办事,也从来不公权私用,为亲属家人谋私利。1990 年麦收前夕,吴金印攀的“穷亲戚”——唐庄乡大司马村的残疾人韩志明,因为麦收自己不能下地,只能借别人的机器,但是,当时机器用的柴油十分紧缺,无奈,韩志明就找到了吴金印。吴金印问明原委后,马上就给他批了一些平价柴油。吴金印的女婿得知消息后,找上门来,想走走岳父的“后门”,帮自己的好朋友批点平价柴油。他给吴金印提出后,吴金印却说:“眼下乡里是有点平价柴油,但不能给你!”女婿说:“朋友张开口了,我得给人家个面子。”吴金印说:“你要是实在掉不下‘面子’,我就批给你,但我自己出钱补上差价。”通过这件事,女婿也认识到岳父的为人处世,也更理解了岳父,从此以后再也不提“面子”的事了。

吴金印这样做

吴金印蹲点的靳庄村家家都分了许多柿子，堆在屋里。吴金印到哪家，哪家就拿出柿子让他吃，他吃了之后都记上账，托人把钱转交。

1993年10月，唐庄镇在建水泥厂的过程中，许多企业前来要求承包，并以回扣、好处费等手段作为承包条件，但都被吴金印拒绝了。在建厂过程中，定设备、买电料、搞安装，都是经集体研究制定方案，请各个厂家投标。整个厂建下来，共节省成本1100万元。

残疾人朋友找吴金印要平价柴油，他批了。当自己的女婿"走后门"要平价柴油时，吴金印却拒绝了。

母亲去世，吴金印悄悄办了丧事。乡亲们知晓后，一些乡邻送来礼金表示慰问。吴金印费了好大劲，把礼金逐个退回；实在退不了的，全部交给镇财政用于龙山治理。

吴金印长年累月在外工作，很少顾及孩子，亏欠孩子不少。在儿子山保要结婚的时候，吴金印的父母都已是80多岁的老人，他们都希望把孙子的婚礼办得排场、热闹一些。一则喜庆，二则对孩子也是一个补偿。但吴金印却不同意，他给父母做思想工作，说："我是党的干部，整天号召群众移风易俗，文明节俭，婚礼不大操大办。咱家要是不带头，我以后再教育别人不就舌头短了吗？"通情达理的两位老人就放弃了自己的主张，不再要求排场热闹。同时，吴金印还和儿媳的娘家约定，成亲日期谁也不许泄露。婚礼非常低调简朴，没有亲朋好友的送礼道贺。吴金印只是在市内租了一辆出租车，把亲家人接过来吃了顿饭。儿子的婚礼，亲朋好友不知道，干部同事不知道，甚至街坊邻居也不知道。本来有许多吴金印帮助过的人,平时想对他表示谢意,但由于吴金印对自己要求很严,大家一直找不到机会,于是想利用他儿子结婚的机会,好好表达一下心意。由于保密工作做得好,等大家得知山保结婚的消息时,已是婚礼之后的半个月了。

共产党人也是血肉之躯,也是平常人,也要讲亲情,也要爱自己的家人。但要爱之有道,爱之有方。对子女要严爱,而不能溺爱。吴金印不是一个缺乏亲情的人,对父母他是孝子,他在家的时候很少,每次回家,他都给老人们洗头、洗脚、修剪指甲,尽自己的孝道。对儿女他是慈父,尽管他和子女在一起的时间很少,但儿女长大之后,就更多地理解了父亲。现在,吴金印的子女又开始给他洗脚了。一旦公和私发生矛盾的时候,吴金印就把所有的感情无私地献给了党和群众。2007 年,吴金印的母亲去世,他谁也没告诉,悄悄地办了丧事。乡亲们还是有人知晓了,一些乡邻送来礼金表示慰问,受过他帮助的人也纷纷前来表达心意。吴金印费了好大劲,把礼金逐个退回,实在退不了的,全部交给镇财政用于龙山治理。

正因为吴金印严格要求,细心经营,吴家形成了良好的家风。因此,吴金印和他的家庭得到了社会的特别尊敬。

家风是一种传承。吴金印的父母都是朴实厚道的农民,心地善良,乐于助人。街坊四邻谁家有事儿,招呼一声,父母会放下手头的活计,赶去帮忙。贫困年代,遇到逃荒要饭的人,只要赶上饭点儿,父母总会送上家里的芋头、小米。母亲在儿子小的时候,常告诉吴金印:要对人好,勤劳动,不爱别人的东西,不拿别人的东西。直到晚年,她还要儿子“多给群众办点好事”。父母的善良影响了吴金印的一生。

作为领导干部，一定要铭记“一人不廉，全家不圆”的道理，不仅管好自己，还要管好家人。对家人的过分要求、违法愿望，只要讲清纪律、讲清法律、讲清后果，相信家人是会理解的。好的家风能促成好的社风、民风及政风、党风，而好的家教本身就是社会文明进步的重要表征。家风和家教是紧密相连的，家风本身就是一种润物无声、耳濡目染式的家教，家教本身也是一种家风，好的家风、家教是推动社会文明进步的正能量。如果每一个家庭都有良好的家风、家教，那么，中华民族的发展与进步将获得无尽的能量。

四、加强领导，健全制度

作为党委书记，吴金印深知仅靠口头上说说是不行的，即使按照要求执行一阵子，也很难持续下去。制度管根本，机制管全局，必须通过制度建设来保证群众路线的落实。于是，在镇党委会上，吴金印和唐庄镇干部一起立下了“四不”的规矩。“四不”就是：身不懒，积极参加劳动；嘴不馋，到村进厂不喝酒、不吃请；耳不聋，倾听群众意见；手不长，不拿群众东西。有好的规矩，还得有监督机制。吴金印深晓此理，所以在制定了“四不”“四同”规定以后，又制定了一整套检查监督措施：每逢单月，镇里派人到村里听取群众对干部的意见，问当地群众，某某在你们村住了没有，参加劳动没有，为群众办好事没有，是否有违纪行为，对这个干部有什么意见等；逢双月，让村党支部来镇党委汇报驻村干部的表现和群众对这个干部的反映；到年底，由群众和村党支部对驻村干部进行考评，对违反有关规定的干部一律严肃处理。

1994年秋，南司马村的群众代表找到吴金印，反映本村砖窑承包费不合理。一个砖窑一年盈利20多万元，只向村集体上交1万元承包费。经过调查核实和研究讨论，吴金印提出南司马村砖窑承包不合理，应该公开招标，重新进行承包，但遭到村干部和承包人的反对，理由是砖窑承包是经双方同意签有合同的，随意终止合同是违反合同法的。吴金印针对这一情况，带领班子成员认真学习合同法，并走访请教了有关司法公证部门，结果找到了南司马村砖窑的承包有三点违背了合同法：一是权力承包，就是村干部垄断了承包权；二是揽价承包；三是没有按照市场行情承包。在法律依据面前，村干部和原承包人再也无话可说。

在公开招标承包时，乡长亲自到南司马村主持会议，来自本村、邻村和外乡的10多个投标人带着现款参加投标。经过轮番竞价，承包价从4万元一路飙升到12万元。结果，村里的三个砖窑经过重新承包，为村集体增加收入36万元。吴金印果断决策，在全乡推广南司马村的做法，全乡15个砖窑，共为集体增加收入160万元。

1995年夏天的一天，某位镇干部下村检查工作的时候经不住一名村干部的劝说，喝了酒。吴金印知道后，对此事进行调查落实，找到那位干部，问道："据群众反映你在村里喝酒了，可有这事？"村干部说："有。"吴金印又问道："咱们的规定你还记得吗？"村干部说："记得。""你说咋办？"吴金印满脸严肃。"我愿意接受处罚。"那位村干部羞愧地低下了头。

吴金印决定让这名干部在大会上作检查。群众知道后，就找到吴金印说情，认为干部下乡工作很辛苦，为了慰劳他们，我们劝他们喝了酒。责任在我们，要处分就处分我们吧。吴金印对群众说，你们的心意我们领了,群众对我们这么好,我们更要严格要求自己。我也知道现在社会上吃吃喝喝的现象比较普遍,可咱唐庄镇就是不兴这一套,就是不能容忍脱离群众的现象存在。你要是真的爱护我们干部的话,以后就不要请他们喝酒了。既然定了规矩,就得按规矩来,谁也不能例外。

不久,吴金印就在镇里召开机关干部大会,让那个干部在会上做了检查并罚款80元。此事在全镇干部中震动很大,从此以后,唐庄镇的干部人人严守规矩:下乡不住村部,住五保户、困难户或军烈属家;帮群众挑水、扫地;与农民同吃一锅饭,不搞特殊化。批评人不是目的,而是手段,批评一个人,既是对一个人的帮助,更是为了教育一批人。主要领导敢于批评不正之风,敢于抵制歪风邪气,就是对正气的弘扬,能够赢得更多的人心。相反,对歪风邪气不闻不问,就是对正气的压制,对坏人的放纵。

按制度办事,人际关系就会变得单纯而清爽。在唐庄镇,逢年过节领导与领导之间、领导与同志之间是不兴请客送礼的,连送一点土特产也不行。好制度形成了好风气,大家都把心思和精力用在了工作上。

领导干部的作风对社会风气起着引领的作用。古人讲:"君子之德风,小人之德草,草上之风,必偃。"有了好的干部作风,才会有好的党风政风,进而才会带动整个社会风气的好转。领导干部奉行潜规则,百姓当然就照此行事。潜规则盛行,明规则则会名存实亡。我们强调依法治国,讲的就是按规则办事,强调公开透明。而潜规则却是暗中行事,是见不得人的勾当。老百姓希望由公平公正的规则主导社会运行,这样,整个社会才会风清气正。在现实生活中,在有些地方,潜规则大行其道,甚至在有的地方,按明规则根本办不成事。潜规则盛行,说明明规则的缺失和疲软,说明我们的法规制度的约束力出了问题,说明违法违纪的成本太低，不足以起到惩戒的作用。因此，我们要实现党风的好转、社会风气的好转，就必须发挥制度这个明规则的刚性，严格按制度办事，铲除潜规则存在的土壤。社会上存在的“不跑不送、原地不动”的干部提拔潜规则，“权力+钱=条子”的入学潜规则，按一定比例给回扣的上项目潜规则，对群众吃拿卡要的办事潜规则，“跑部钱进”的审批潜规则，等等，严重地败坏了党风，毒化了社会风气，可谓误国害民不浅。对潜规则我们要高度警惕和坚决根除，让清正、清廉、清明的风气充满全社会。正如习近平总书记强调的，作风建设是立破并举、扶正祛邪的过程，立什么，破什么，需要好好把握。立清风正气，破除潜规则，社会信任、人民信任的蓄水池必定注满一池春水。

五、欲为民节，知足常乐

吴金印说，人啊，钱财多少是个够？够吃够用就行了。在物质上少一分欲望，心里头就多一分轻松和坦荡。当干部的，只有不存贪欲才能做到处事公正；你公正了，群众才会打心眼里佩服你、拥护你。“还是那句话，”他说，“群众是最亮的镜子。我们应当经常拿群众这面镜子照照自己，看我们是不是干净、是不是有好的形象！”这段话，体现了吴金印正确的金钱观、财富观。市场经济条件下，党员干部不是不要谈钱，而是要对金钱有科学的认识和正确的态度。人要重视金钱，但绝对不能崇拜金钱，要防止“一切向钱看”。钱虽然能买到商品，却不能买到一切；钱可以买到房屋，但买不到家；钱可以买到药物，但买不到健康；钱可以买到书籍，但买不到智慧；钱可以买到伙伴，但买不到朋友；钱可以买到权势，但买不到威望;钱可以买到小人之心,但买不到君子之志。钱只是人生存的条件,而不是生活的全部。当一个人对金钱迷恋,财迷心窍,见钱眼开,就会丧失理想,意志衰退,甚至走向腐化堕落、违法乱纪的道路。习近平总书记强调,当干部就不要想着发财,想发财就不要当干部。“当官”和“发财”是两条不能相交的平行线,一旦相交就会把自己烧毁。有的人既想当官,又要发财;既不想放弃当官社会地位高、有发展前途的好处,又想享受富翁们家财万贯、花钱如流水的生活方式,其结局必然是走向滥用权力、腐化堕落的深渊。无论在任何时候,共产党人都不能以聚敛个人财富作为人生的奋斗目标,以个人财产多少作为衡量人生价值的尺度,以过豪华奢侈的生活作为人生的追求目标。爱民不爱钱,方显真男儿。吴金印为广大干部做出了榜样,视金钱如粪土,视群众如亲人,因此受到了群众的爱戴,将广大群众团结在了党组织的周围。

吴金印认为,当干部就要节制物质欲望,要知足。这种观念在市场经济大潮拍岸的形势下,对领导干部来说尤为需要。孟子讲,人生而有欲。古人云:“欲如水,不遏则滔天;贪如火,不遏则燎原。”“天下之福,莫大于无欲;天下之祸,莫大于不知足。”人要做到欲而有节,而不能放纵自己的欲望。否则,过度放纵势必变成贪心,而贪心过度无疑会导致自我毁灭。一些领导干部之所以走向堕落,滑向深渊,一个重要的原因,就是放纵了自己的欲望。俗话说,绳从细处断,祸从贪念生。心里有了贪欲,就再也无法回头。

作为领导干部要像吴金印那样,在生活待遇上知足,在工作学习上知不足,严守清正廉洁的为政底线。在物质生活方面,要像周恩来说的那样:“领导干部应该知足常乐,要觉得自己的物质待遇够了,甚至过了,觉得少一点好,人家分给我们多了,就应该居之不安。”[7]领导干部对待名利得失要有淡泊之心,得之不喜,失之不忧,不要过分在意得失,不要过分看重自己的成败。“事因知足心常乐,人到无求品自高。”物质生活是一面镜子,它可以照出胸怀大志者的英姿,也可以照出贪图安逸、浑噩庸碌者的身影。印度诗人泰戈尔说:“鸟翼上系上了黄金,鸟就飞不起来了。”一个人不能为物质生活所累,如果沉醉于物质生活,那就会折断理想的翅膀。懂得知足并能做到知足的人,其心胸才能宽广,情感才能崇高。贪婪与堕落是一对孪生兄弟,腐败分子之所以腐败,就在于心态失衡,追求享乐,私欲膨胀。节制欲望,需要知足知止,知足不辱,知止不殆。要利诱面前不动摇,金钱面前不动心,贿赂面前不伸手,不为私欲而害公,不为小利而失节;要做到“任尔红尘滚滚,我自清风明月”;要守得住清苦,做到吃苦在前、奉献在前;要挡得住诱惑,面对形形色色的外在诱惑,要稳得住心神、管得住手脚,多自警、常自省、严自律,培养健康生活情趣,保持高尚精神追求;要管得住小节,小节不能坚守,大节终究难保;要防微杜渐、警钟长鸣,慎微、慎独、慎始、慎终,在一点一滴、一时一事中充分彰显领导干部的纯洁性。共产党员和领导干部要带头做一个高尚的人,一个纯粹的人,一个有道德的人,一个脱离了低级趣味的人,一个有益于人民的人。

参考文献

[1]马克思,恩格斯.马克思恩格斯全集:第3卷[M].北京:人民出版社,1960:84.

[2]邓小平.邓小平文选:第2卷[M].北京:人民出版社,1994:367.

[3]马克思,恩格斯.马克思恩格斯全集:第1卷[M].北京:人民出版社,2012:411.

[4]毛泽东.毛泽东选集:第3卷[M].北京:人民出版社,1991:1095-1096.

[5]江泽民.论党的建设[M].北京:中央文献出版社,2001:281.

[6]马克思,恩格斯:马克思恩格斯全集:第1卷[M].北京:人民出版社,1956:82.

[7]毛泽东,邓小平,江泽民.毛泽东邓小平江泽民论世界观人生观价值观[M].北京:人民出版社,1997:531.